思考新旅游

袁建军◎著

吉林出版集团股份有限公司

图书在版编目（CIP）数据

思考新旅游 / 袁建军著 . — 长春 : 吉林出版集团
股份有限公司 , 2022.9
ISBN 978-7-5731-2142-4

Ⅰ . ①思… Ⅱ . ①袁… Ⅲ . ①旅游市场—经济发展—
研究—中国 Ⅳ . ① F592.6

中国版本图书馆 CIP 数据核字 (2022) 第 171488 号

思考新旅游

著　　　者	袁建军	
责 任 编 辑	白聪响	
封 面 设 计	明翊书业	
开　　　本	880mm×1230mm　1/32	
字　　　数	150 千字	
印　　　张	6.75	
版　　　次	2022 年 9 月第 1 版	
印　　　次	2022 年 9 月第 1 次印刷	
出 版 发 行	吉林出版集团股份有限公司	
电　　　话	总编办：010—63109269	
	发行部：010—63109269	
印　　　刷	三河市国新印装有限公司	

ISBN 978-7-5731-2142-4　　　　　　　定价：68.00 元

目录

寻找乡村的美丽

农旅的使命

小院不小

自然的自然

节庆活动及项目策划

思考

旅游

1. 与众不同

旅行社一批批挂掉。

景区也即将一批批挂掉。

谁能活下来？

"进化"的就能活下来。

旅行社怎么进化？

要决然、断然地离开原有的"所有"，

比如原有的资源、渠道、平台、人脉……

离开后去向哪里？

去理解"前卫人群"的旅游消费脉动，去观察"大众人群"的消费骚动，去分析"黏性人群"的消费行动。

这之后，你要设计你的产品，你要吆喝你的产品，你要淬炼你的产品。

简单说——以后旅行社还只是卖别人（资源方）的东西、别人的产品，必死！

景区的情形也大致差不多：

没有很多人"观光"了，

没有很多人"休闲"了，

没有很多人"凑热闹"了……

有的更多是——人要通过旅行改变自己的生活，人要通过旅行认识新朋友，人要通过旅行实现身和心的自由……

这些，我们很多景区能够有对应的东西卖吗？

没有，就等死了。

"孰若起而拯之"？

那就快快丢掉那些"抱残守缺":

什么门票、什么团餐、什么优惠、什么捆绑……

去做什么?

去做"与众不同",去做温度,去做人情,去做先行,去做引领。

2. 三量系统工程师

我认为新旅游的标志是"三量",即——声量变流量,流量变产量。

没有声量就没有流量,没有流量就挣不到钱。

那么旅游更需要的人才就是能制造声量和流量的人。

这人是一个"系统工程师",不能简单地分成什么策划、什么文案、什么执行。

它是一个"系统人列",组织上贯穿后台老板和前线员工,业务上涵盖公司内部和外部社会,观念上融合个体和群体的共向、共情、共振。

以前我们编制"年度工作计划",现在要改成"年度三量计划"……三量之外,都是小事儿。

我观察——很多旅游公司都没有这样的"三量系统工程师",那就得花功夫去引进和培养这样的"头脑人物",实在还没有,就得"借脑"了,不借不行的,因为现在的旅游企业都面临生死大劫。

3. 把90后、00后变成你的营销员

市场营销部设什么岗位，配员几位？

还有旅游企业在这方面大费周章。

我的回答很简单——市场营销部可有可无……最多一两个人吧！

怎么说是可有可无呢？

因为这是"自媒体"时代了，人们获取信息主要是自媒体和"热的自媒体"。

自媒体主要是微信、微博、抖音、快手、小红书。

热的自媒体可以简称——热媒体，主要的是"头条""热搜"之类的。

谁是自媒体的主要"制作者"？谁是自媒体的"拥趸"？谁越来越离不开自媒体？谁自媒体越玩越酷？

这个问题层层叠叠问下去，最后就指向90后、00后了。

结论——玩自媒体谁也玩不过他们。

有人说——我的营销员也是高手啊！

我不信！

因为近些年来旅游界的"大事件"都是"民间"制作的，基本少有"旅游企业官方"制造。

这一点就充分说明问题了。

90后、00后学历高但阅历浅啊！

别那么看问题！

阅历是最限制创新力的"力"，阅历深了，人就世故了，就爱因循守旧了。

人最有创造冲动的就是青年时代。

再有，我观察——这个青年世代注重出行经历，也乐意进行评价和分享——注定具备营销员的绝佳潜质。

还不给他们钱财、好处，怎么为我所用呢？

你给他钱，他很可能受了"羁绊"，出不了好"作品"。

怎么做？

90后、00后大都是梦想家，你的旅游企业有"梦想"，他就能以你的企业为"家"。

4. 新旅游新的作息时间

旅游人回答别人的问话——你们闲的时候我们忙，你们忙的时候我们也没闲着。

这应该是标准答案吧！

但在这个旅游新、旧交替的时代，我们旅游者的作息时间还是落后于了这个"交替"。

据科学的、周年的、系统的统计，80%以上的旅游咨询和旅游订单发生在三个主要的时间段——下班后、晚饭时、睡觉前。

我们的景区、我们的旅游公司、我们的旅行社……在这三段时间安排上班和值班的有多少？

没有多少！

那为什么都集中在了"大晚上"？

因为那时候夜深人静，出行者有闲心想闲事，那时候"酒酣胸胆尚开张"容易冲动定事儿，才会有旅游的"诗与远方"。

我们是旅游的服务者，我们也没有能力跟出游者较劲，也较不过他们。

我们得改变，有些部门和人员就得安排在"大晚上"上班或值班。

5. 大众的小众化

旅游小众化的泛化让旅游界措手不及、慌慌张张。

小众化是社会性的，在旅游中表现的突出了点儿而已。

有人把小众化看成了旅游的"方向"，不会的，那是有人把旅游看得太大、太重了。

小众化对旅游来说会是一个"趋向"，不会是一个"方向"。

小众化也不是"市场细分"的产物。

市场细分没有"发明能力"，只有"技术能力"。

大众的"分解、分裂"，形成了小众，但小众还是"众"，没有绝缘人"群聚、群居"的本性。

什么是小众化的特征表现呢？

首先是"臭味相投"吧，一小群人，有共同的兴趣爱好。

再者是互联网滋生和养育了它们的壮大和发展，诸如"圈层""粉丝""二次元"等都是。

第三是追求个性化，拒绝"标准化"。

尤其是这个"第三"，很多追求"标准化"的旅游企业都受不了。

我国是一个人口大国，小众都会是不小的市场，旅游企业不得不面对啊！

怎么面对？

说起来很简单了。

那就是你的"产品"有适宜于小众化趋向的"阶梯化"和"差异化"。

阶梯化就是梯形布局，不能再是大众化的"一个面孔"。

差异化含义更复杂些，不同人群有不同的"旅游服务"，不同的企业之间也要有服务的不同。

6."市场"变幻大王旗

旅游市场的变化根源是消费的变化。

消费观念、消费动机、消费行为……这些影响着旅游市场。

那消费受什么影响呢？

消费受收入的影响，受社会潮流的影响，受小圈子的影响。

做旅游企业首先要弄清楚旅游的市场在哪儿，旅游市场是个什么样子，你对那个样子的市场有几分把握。

不然，你找不到北。

而现实是——我们好多的旅游企业真的找不到北。

把握那个市场，得先了解这个市场，了解这个市场的变化，从而洞悉市场的变化规律。

我们先捋顺一下 40 多年来的旅游市场变化。

上世纪 80 年代开始，我国的旅游业大致经历了五个阶段的变化。

我概括为——资源为王阶段，渠道为王阶段，品牌为王阶段，电商为王阶段，互动为王阶段。

资源为王，卖方市场，资源方很牛，坐在家里等着人来人往。

渠道为王，中间商市场，旅行社变身为主体，开一家门市，就门庭若市。

品牌为王，买方、买方均衡市场，竞争很激烈了，资源方和渠道商都注重了品牌建设。

电商市场，中间商市场，以"携程""驴妈妈"为代表，利用互联网优势，并且空手真正套住了白狼。

互动为王，买方市场，年青的新世代表现出非常独特的"自由和个性"，他们按自己的"设想"去旅游，而不是"服从于"资源方或渠道商的安排。

新世代就代表着"方向"和"未来"，并且确实他们的很多"设想"——未来已来。

我们的旅游企业别再自信满满地认为可以引领潮流，更别想"稳坐钓鱼台"，因为鱼儿已不在你的小荷塘。

7. 景区的"三景"

一般，景区是风景不错的地方。

这个也是最初很多山水类景区的本钱。

但，随着人们的见识越来越多，一般的风景也越来越少有人待见了。

这种"一般风景区"怎么办？

直白说两个办法吧——一是"晋档升级"，打造出招人喜欢的新样子；再者就是让景区变回大自然——这样的方式大自然很欢迎，人民也很欢迎。

那一般风景区怎么晋档升级呢？

我归纳为"三景"进化。

三景，即背景、场景、情景。

先说背景。

背景有两层含义，一层是把你的景区风景当成背景，风景卖不动了，敝帚自珍也没用……你的景区风景还可以，但不拿它卖钱了，就让它成为"幕布"，你需要在这个幕布前"表演"，你就卖这个"表演"。

背景的另一层含义是你再找找景区的"背景"，我们很多景区往往是"单打独斗"，很少能把景区原有的"背景资源"挖掘好、利用好……这里边是有大文章能做，有大钱能赚的。

场景呢？

现在似乎成了旅游圈的流行语，但很多的景区并没有找到那个"七寸"。

哪个七寸？

——不是花里胡哨的打扮，而是要让场景成为景区与游客之间的"感情纽带"，成为游客感情的引爆点和催化剂。

河北山叶口景区年初做了一个"闺蜜节"，引爆了共鸣，也引起了轰动……所谓的场景，就是要有这样子的效果。

情景呢？

我认为情景是场景的"进化版"。

前面我们说过——旅游越来越小众化，景区适应小众化的就是"情景化"——游客来到景区了，他在景区设置的"情景"里——遇上一个新的自己！

景区的情景化是景区的新课题、新挑战，尤其是一些半死不活的景区，这方面做出成绩来，很可能会起死回生。

8.旅游产品的"三性"

旅游产品,我们这里先把它窄化——指我们宣传与售卖的旅游线路或活动项目类产品。

20世纪80、90年代的时候,身边疯狂流行着"华东五市游""西南三省游"……似乎疯狂到——"出门"就是旅游。

现在,旅游到了买方市场,游客的"挑挑拣拣"让很多"线路"和景区异常难堪,旅游的惯常产品死的死、伤的伤。

为了生存,现在的旅游产品花样百出、层出不穷,但就是少有好产品,更缺乏新的"口碑产品"。

什么原因呢?

我归结为缺乏"三性"——活性、磁性、弹性。

活性,我们更倾向于鲜活性吧。

先讲一个小故事——乐亭临海出海鲜,乐亭人吹牛——唐山人吃的是海货,北京人吃的是海产品,乐亭人吃的才叫海鲜……其实这大话也有根苗——海鲜不但是活的好吃,刚出水的更为好吃。

我们好多的旅游产品,很多都老掉了大牙,就是缺乏这刚出水的鲜活劲儿。

磁性,就是吸引力。

举个例子——音频平台"喜马拉雅"。

他们最初就是几个有"磁性"的播音广播,不断发展就把"声音"变成了"大买卖"——听书、配音、车载音乐、有声制作……蔚为大观。

我们的旅行社也好,我们的景区也好,缺乏在磁性上的执着和追求。

弹性,就是产品具有选择性、可塑性。

前面我们说过——青年人的需求趋向就是旅游的发展方向。

我们好多的产品就是死僵僵、硬梆梆，年轻人不会喜欢。

年轻人"自主性"很强，不愿接受"教条"，也不喜欢被设计、被安排，我们的产品得起码做到有选择性。

年轻人也愿意"显摆"，愿意在产品上有自己的意愿和意志，我们得留够产品的可塑空间。

——可塑空间，这个话题有点儿大，不好解释清楚。

说个实例吧，我设想的——你推出一个"务农之旅"就少有弹性，你推出一个"悟农之旅"似乎就有弹性了。

9. 景区活动的"三情"

很多景区举办节庆活动兴致冲冲，却往往以失败而告终。

原因是什么呢？

原因很简单，就是缺一个字——"情"。

这个"情"再分解一下，也不过三个词——有情、牵情、共情。

没有情的活动一般都是"行礼如仪"的，比如教师节了就教师免费，桃花开了就办桃花节，秋天了就处处是红叶节……

连举办者都冷冰冰，参与者怎么能热腾腾？

所以说情得是先"有情"，谁先有情？举办者先有情。

举山叶口的"嗨水节"当例子说吧！

北方的山地型景区暑期并不受欢迎，天热啊！

暑期是旅游的旺季，山地型景区怎么获客？就让客人感到凉爽和畅快啊——嗨水节的"初心"就是这个"有情"——让游客高高兴兴。

嗨水节活动的准备花费了很多，"风生水起"的宗旨贯彻始终。

那个"牵情"呢？

就是活动要抓游客的心、动游客的情。

大夏天的拿什么抓、拿什么动？不管大人孩子，都有好胜心、好奇心、好新心，"以水为战"就抓到了游客的心和情。

共情呢？

举办的活动要让大家"趋之若鹜"，就得让大家"魂牵梦想"。

嗨水节的"飘渺仙境"就是大家对做"神仙"的魂牵梦想。

情可共了，举办者和参与者就共振了，就共振出了个"欣欣向荣"。

10. "武林秘笈"——经营场景

看过不少武打片，那个武林秘笈很重要，也很厉害，得到并学会后，天下无敌。

旅游有没有"秘笈"？

有。

但旅游的秘笈并不在哪个山洞、哪个古墓，它就在你的"创新"和"争先"里，你不断的创新与争先，你大概就秘笈在手了。

想来想去也没想好这个秘笈的名字，姑且叫它"经营场景"或"场景经营"吧。

一般的秘笈都是几招几式的，咱们也效仿一下——经营场景"九式"。

第一式——兼济天下

想独善其身的，就别出来混。

第二式——霸主心气

做什么事情，你都得有霸气，有霸气则生，无霸气则亡。

第三式——构造好景区的"三景"——背景、场景、情景

第四式——打造出景区活动及产品的"三性"——活性、磁性、弹性

第五式——确定"英雄会"的主旨

这个主旨要跟景区相关，要跟景区的过去、现在、将来相关，要跟景区的"主旨形象"相关。

这个"英雄会"每年最少做三四届大会，小会更要接连不断、层出不穷。

大会景区自己做，

小会景区发动或是配合"民间"做。

第六式——广发天下英雄帖

主要是 IP 界的高手、旅游达人、热播主、抖友小主、快手红人、小红书红人、朋友圈圈主、小群群主，还有公媒体的大家……

他们来跟景区"共襄盛举"，

他们主要做"事前预告"—"事中直播"—"事后结果"——这个果是指好吃好看的果子。

第七式——网红场景横空出世

典型场景树立、典型活动确立。

网红不是贬义词，而是景区间竞争的"杀手锏"。

第八式——"三情"生发

有情、牵情、共情竞相绽放、欣欣向荣。

第九式——"三量"（声量、流量、产量）爆炸

不能"搏眼球"、不能"爆声量"……一般旅游景区就不能撑下去。

以上涉及的"三量""三性""三情""三景"诸概念之细解请参阅前文。

为什么那么多"三"？

三生万物呗，嘿嘿。

11. 媚俗媚俗，俗不媚你

俗，雅俗的俗吗？

最好别这么明确，那样太原则了。

民俗不好吗？

不好说，有好有坏吧。

习俗不好吗？

不好说。

风俗不好吗？

不好说。

世俗不好吗？

不好说。

超俗不好吗？

不错吧。

网红是俗吗？

创造网红的不是俗，跟随网红的是俗。

回答到这里，心里明白了——我们很多景区很土气——原因就是老想接地气啊、接地气啊、接的……

接地气应该更有生命力啊，怎么就土气了？

如果你是"上位"，下接地气，你不会土气。

如果你是"下位"，地气接不接的没啥用。

打个比喻吧，如你是一棵大树，接地气会郁郁葱葱。

如你是枯木桩，接地气烂得更快，不接还好点儿，还能多挺几年。

道理说明白了吧？你老是俗俗俗，就会变得趣味不高，趣味不高则令人厌弃，也就是题目的那句——媚俗媚俗，俗不媚你。

怎么能够不俗呢？

是很难的！

尤其现在人人都是"旅行家"，人人都是"旅游专家"了，动辄得咎啊！

但原则上的话我还是敢说的。

这么三句吧——

景区要树立起自己的价值观，别单单以挣钱为目的。

景区里一定得有"与众不同"的东西。

景区别老是顺应游客的需求，得想法子牵动游客的需求。

12. 旅游产品

景区是产品吗？

不是！

线路是产品吗？

不是！

这是一个很难堪甚或很狼狈的现实。

——我们好多景区、好多旅行社还坚定不移的认为那是"产品"。

从产品本意来讲，得有个"生产"的过程，景区和线路都没有经过严格意义上的加工、生产，诚惶称之。

新的一年，景区、旅行社都要"再开业"了，开业不能总是老瓶子老酒，因为，这个时代已经是"声量为霸，流量为王"的时代（我这个说法可能会成为流行语）。

老瓶子老酒带不起声量、流量，那就得想新瓶新酒。

怎么想？

很简单。

把旅游真相从藏匿处、模糊处挖掘出来、鲜明出来，转化到另一个新的重构的时空，用新的重构的形式来重新表达……

你的旅游新产品就产生了。

具体怎么做？

因地制宜，因人而异。

如是而已！

13. 景区的诗意

我们很多人将"诗与远方"跟景区联系起来，其实很多景区很少有诗意。

景区是挣钱的地方，景区是人越多挣钱越多的地方……景区是跟诗意渐行渐远的地方。

时光轻缓，岁月清浅，

诗意不是"好玩"和"好看"。

它是情感里的东西，它是理想里的东西。

那景区就不该追求诗意吗？

当然应该！

"景区的诗意"与"景区的疗愈"将是景区新的竞争和发展领域——这是我的"定义"，这也是我的预言，几年之内就可验证。

　　那什么是景区的诗意？

　　咱们先弄明白——什么是诗意？

　　我们不做理论推演，咱们举例说明。

　　"采菊东篱下"不是诗意，甚至可以说是"苦役"，"悠然见南山"是诗意，明白了这个，就明白了景区的诗意。

14. 景区的"清境"

一直以来想造一个新词，

想概括一种境界，

一种让人清新、清心的境界。

它不是佛门清净之地，

不是道家的缥缈仙境，

不是日本的佗寂、枯山水，

不是时下流行的慢时光、慢生活，

它就是一种可清心的清新。

我想到了"心识"和"识心"，

有心识的人才能识心。

这样的人毕竟很少，

芸芸众生都是"借景生情"的。

那么，景区就得研究这个借景生情。

不然，大家都"网红"，最后大家都挤在一条独木桥上，大家都没饭吃。

世间红尘滚滚、滚滚红尘，

谁都想清新、清心，

但都找不到法子和路径。

我也想到了很多事和物，

它们原本就有清境的"张力"，就是清境的种子。

润色和修饰一下，

就会开花结果。

比如，你想象一下这些"事物"，

试试能不能找到你的清境：

烟缕，青灯，钟声，青瓦，蜡染，佛尘，远山，秋水，倒影，寒鸦，梳枝，疏竹，残荷，白草，凌晨的星星……

15. 景区的重复消费

疫情再持续两年，很多景区就会凉凉。

是不是？

可能。

我们很多景区都偏于一次性消费——一次性地打个卡、照个相、尝个鲜儿……很少在"重复消费能力"上下功夫。

一次性消费，对付外地人没啥大问题，外地的外可以无限外。对付本地人就不好使了，本地人提起本地景区就提不起精神，"吃够了，看腻了，玩烦了"是个非典型的典型。

如果疫情继续，外地人来不了，本地人又不来，怎会不凉？

那怎么热起来呢？

出三个主意吧！

第一，场景重构

景区人天天待在景区里，对自己的景色、景致会麻木不仁的。

我们别拿这个心态看景区，要有陌生感、新鲜感……实在没有，就请"有"的人来帮助。

有句古文——四时之景不同，而乐亦无穷也。道理不差，我们景区应该不断地打造和推出不同的四时之景。

这样，本地人新鲜，外地人也有好感。

第二，新奇的景区活动接连不断

我们很多景区并没有不注重办活动，而是很少办出让游客感到新奇并接受和追捧的活动。

把活动办出特色、办出水平、办出效益、办出名声……全景区的人都得聚心聚力的，还达不到，那就得外请高人或是好的协作伙伴帮忙。

活的活动会把活动与新场景打造结合起来，会把活动跟经营结合起来，会把活动跟销售结合起来，会把活动跟景区的影响树立、对外宣传结合起来……会"一本万利"。

第三是，强补短板

每个景区都有自己的短板，短之处折人也折钱。

每个景区都有不同的短板，也有共性的短板。

这里我们讨论个共性的短板——吃。

很多游客会为了吃而去一个地方，很多游客离开一个地方后最深刻的印象就是吃。

多年前，我就提议过一家旅游公司主业就打造"美食之旅"，且效果不错。

而我们很多景区呢？在吃上差强人意，或是窘迫不堪。

很多游客在饭口上会"逃离"景区，很多旅行社在行程上也是把吃安排到景区之外的之外……

吃——应该是旅游所长，现实却是很多景区之短板。

这个短板得花真功夫补上，如果景区无"潜力"可挖，也建议和景区毗邻区域协作起来，速速破解这个问题。

16.假如景区门票被取消了

疫情之下，为生存下去，各景区门票纷纷"跳楼""杀血"……甚至有的地区统一全区域半价。

商家折损利益，肉疼心也疼，不敢大声叫，大声没人听、也没用。

怎么面对呢？

好多是苦挨和等待，苦挨寒冷，等待柳暗花明。

假如景区门票自此真的被取消了呢？

有这个可能吧？

我说有。

疫情先不论，政府就有这个权力，老百姓也有这个权力——要门票的景区老百姓不去了，景区呢？景区当然干瞪眼。

我有一个理论——大自然都可做旅游资源，一切文明的成果都可做旅游资源，就看你有没有"点石成金"的能力。

从资源上，景区的"优越"就不是"天必降大任"，那些"圈起来、建大门、卖门票"的景区，谁会保证它死活？

再者，疫情是个"直接作用"，旅游市场的变化也早已有这个"趋向"——风起云涌的"自驾""户外""农旅"等等——已然"形势明朗"。

我个人判断——疫情是个"催化剂"，后疫情时代，以门票为主收入的景区要纷纷"关门大吉"。

那有没有"长生不老"或"起死回生"的良药呢？

应该是有。

可以试试这样"两副"：

一副——景区转变成"生产型景区"

生产型景区就是利用景区资源能够自行生产，生产的东西能够养活大家，旅游收入一定意义上是"额外收入"。

另一副——景区变成区域市场平台型景区

市场平台型景区利用自己累积的人流量、信息量、知名度，再利用区域优势性物产，形成立体的、分层的、多维的在地实体市场和互联网虚拟市场。

这"两副药"是我前不久刚"配"出来的，三两句话说不清楚，咱们后面再详细讨论。

17. 生产型景区

有些旅游目的地本就是生产型项目，生产收入为基础，再通过景观地景、文化展演、业态参与等达到旅游增收。

我们这里单指非农景区。

很多这样的景区有这样的"共性"——淡旺季明显、平日周末差别明显，人员得满配，游客少的时候人力成本就很重，"空转消耗"也很大。还有最头疼的是——员工没事儿做了就"无事生非"，团队管理、团队建设阻碍重重。

为解决这些问题，我在经管一个海岛的时候做了一个尝试——员工闲暇时间从事生产，生产所得大比例归员工享有。

一年时间内，员工们相继建成了"百瓜园""百果园""百禽园"，还发展了海洋捕捞和淡水养殖……

这些生产活动，也相继做成了海岛的游乐项目，很受游客喜欢。

员工也很喜欢啊，当然也发生了很多乐事儿，记得最深刻的是——晚上值班的发现了有人偷瓜，追过去那些人并没跑，偷瓜的是几个游客，男女都有……值班的问："你们为啥不跑啊？"游客回答："我们就是找找小时候偷瓜被抓的感觉。"把值班的逗得哈哈大笑……

还有一个乐事儿——有一天鱼捕的太多了，得有两三百斤……主管找到我说："船坏了，天晚了，鱼运不下去。"我说："去广播，就说十块钱卖一份，游客自己随便拿，餐厅加工免费。"过了午夜，主管过来说："岛上所有的酒都卖光了，没有一滴酒可卖了……"

员工多付出了劳动，得到了更多的收入，景区也钵满盆盈，艰苦的生产也会变得快乐轻松。

很多的景区，都找得到"生产空间"，只要你愿意。

18. 市场平台型景区

前几年，流行"旅游+"和"+旅游"，现在"跨界""融合"唱的也很响。

是旅游不自信了还是旅游太自信了？

不好回答。

如果从旅游的"本质"来思考，可能更直接看到那个"答案"——问题是我们对旅游的本质认识也是"众说纷纭"。

我认为旅游的本质就是——出去玩儿。

玩儿有时很俏皮，有时比较认真……大概应该是这个样子吧。

想太多了就是累啊。

旅游发展现在面临了困惑，原因是它面临了很多的诱惑。

诱惑来诱惑去的，那个本质应该不变。

很多的"面目全非"，原因就是那个本质变了。

拿旅游的"购"来说，既不是商业购物的本质，也不是旅游玩儿的本质。

变成了什么？变成了骗人的场所。

导游变成了"导购"，购物店变成了"黑心店"。

旅游和商业相加，或是"融合"和"跨界"，一定不是这样的"初心"吧？

面对疫情或"疫情后"形势，我在前面提出了景区可朝向"市场平台型"发展，其原本考量，就是把玩儿变成购物，把购物变成玩儿，发展出独特的旅游购物"场景"。

咱们不做旅游理论空对空论战了，咱们实打实地做个"市场平台型景区"实战。

假设我们现有个山地型景区，咱们这样重新布局，看看游客动不动心。

市场项目一：游客自由市场

自由市场在景区内设置，规定时间、规定地点进行市场交易。

游客人人都可以是卖者，也人人都可是买者。

交易物品鼓励以"旅游生活"相关，尤其鼓励少年儿童参与买卖，景区出台少儿买卖成功的奖励政策。

重奖之下必有勇夫，估计——很多人会因为这个市场的新奇而来。

市场项目二：原貌农贸市场

可在景区停车场或景区广场设置，买卖物品突出农产品、特色产品、生活用品。

卖者是当地老百姓，卖自己的自产。

买者是游客和当地百姓。

风貌尽量是当地市场原貌：

叫卖声——十三香、狗蹦子药、猪胰子……各式叫卖唱腔、唱段。

叫卖用具——拨浪鼓、梆子、铜锣……

小吃摊点——凉粉儿、切糕、油茶面……

当地特产"没有中间商赚差价"——水果、白薯、白薯粉条、落花生、山地小米……

文艺——杂耍卖艺的、说书唱戏的……

原汁原味的市场，是我们很多人的念想——那里有我们祖先的生活和我们"商"的本质。

市场项目三：线上电商

景区能不能做"电商"？

我认为，能。

景区有知名度、信誉度，有私域流量，更有很多闲时候闲得哼哼的员工。

卖什么？

卖当地的物产、特产、应季应节的农副产。

谁来卖？

景区培养的有形象的带货专员。

谁来买？

芸芸众生。

景区为什么要做这事?

小处说，为自己生存；大处说，为了当地老百姓。

景区真的为老百姓做贡献了，景区才会越做越大，景区才会越做越强。

寻找乡村

的

美丽

1. 寻找乡村的美丽

子不嫌母丑，狗不嫌家贫。

乡村，人之初的最初家园。

乡村，人之终的最终回眸。

中华民族文明之根是农业，农业、农村、农民也是现代人的文化底蕴和精神之根。

这样想来，乡村究竟美不美倒是其次的事情了。

但——

相较于城市，我认为乡村是距离美最近的地方。

那里离大自然很近，

那里离祖宗很近，

那里离自己的内心很近。

如果说美是令人愉悦的事物，那么我们就要遵循美的规律，就要践行美的理想，就要以美来改变这个世界。

如果说审美是终极的竞争力，那么我们就应当看轻物质的幸福，看重精神的幸福。

如果我们还认为乡村是贫穷和落后的代名词，那么我们就应该望望远方，我们一起出发，去寻找乡村的美丽。

2. 乡村之"土"

土，有时是很亲切的。

"为什么我眼里常含泪水，因为我对这土地爱得深沉。"

土，有时又很酸凉，

土，土老帽，土鳖，土气……

土，有时你无法植入感情，比如——土生土长，你说得出来它好，也说得出来它不好。

土生土长，有生命力、有亲和力；土生土长，又不高雅、不贵气。

我想土生土长这个词更适合我们的"农旅"，虽不贵气，但有生命力、亲和力。

说到土味儿，我们可以先想到"土气味儿"。

土地是有气味的，春天的时候，土气味儿很柔，柔得就像草芽儿或是柳梢儿；夏天的时候，土气味儿很浓，浓得像麦秸秆发酵的味道；秋天的时候，土气味儿很烈，烈得好像晒青的高粱；冬天的时候，土气味儿很土，刮大风的时候，货真价实的土气味儿能冲到天灵盖……

编排这么多，是为了说土气味儿也是很丰富的，不是很多人意识里的"简单、直接"。

简单、直接也没什么不好的，只是没有了"味道"，比如说一个人长得美，你只会说——那个人长得美——那个味道就没了。

说到味道，人们倒是不嫌弃"土味儿"，很土味儿的野菜越来越受欢迎，土灶烧的土菜也越发金贵，就连土鸡都身价倍增，各地为了强调各地的鸡之土，还起了好多很土的鸡名——溜达鸡、笨鸡、柴鸡……更甚的是"叫花鸡"——过去那个"叫花子"吃的东西。

在土的味道上，会越做越精彩，这一点我深信不疑。

我们最初的住处也是很土的，从"有巢氏"开始，变化的"花样"屈指可数——山洞、树穴、地窖、窑洞、草屋、木屋、石头房子、土坯房、砖瓦房、竹楼、吊脚楼……一直到"钢筋水泥"，我们土气的房子都很接地气的。

现在的房子大多不接地气了，人被悬起来或被隔离开，住的"高大上"，身体的毛病也多了，中医说——现代人的很多病都跟不接地气有关。

——接地气，我们做农旅项目，可得要注意这一点！

服饰的土也越来越不丢人了，原因是"大富大贵"们都越穿越土了，布鞋、棉衣、草帽子……会大行其道。

行走的土还是有点儿问题，还有很多人不爱走路，我们的农旅项目得想办法，让他们走路、走土路、光脚走土路……他们习惯了就会"上瘾"。

我听一位项目负责人说——要找人培训员工们的普通话……我说，不找也罢——土话也是"土生土长"的，好多城市人爱听着呢……你们可以在村子里或院子里弄块黑板，写上"土译普"——常用土话对应的普通话，问题不就解决了吗？

外地人到新的地方会有"水土不服"的现象，但很快就会好的，怕的是那个外地人没有到了外地的感觉——这个是很可怕的。

最后是我们可以土得掉渣儿，但不能土味没品位。

——这个有品位的土味才是我们乡村土的美丽！

3. 乡村之"古"

时代发展了，但乡村依然是人们心灵的寓所，城市不是。

文化发展了，但乡村依然是传统文化的主要载体，城市不是。

经济发展了，乡村很多人远离了家园，城市中的很多人精神家园迷失了……

城市和乡村，一对儿文化的"冤家"，很多时候是对立，很少时候是统一。

……说乡村之古，非得先说说这些，要不我们厘不清头绪。

最初的城市和乡村是什么区别呢？

一墙之隔。

最初的城市都有城墙，乡村没有，有的只是院墙。

直到现在，那道墙还有呢——一道有形或无形的墙还高高矗立。

墙外的人、墙内的人——相互"欣羡"。

墙内的人欣羡什么？

有一串词会蹦出来——怀旧、思古……"摅怀旧之蓄念，发思古之幽情"。

城市很多是"新建"的，"幽情"难觅。

农旅项目，我们很多人并没有忽略这一点——大费周章、煞费苦心的守古、复古——什么古院落、古戏台、古祠堂、古庙、古道、古井、古窑、古董……一窝风的风起云涌。

但是效果呢？

不佳。

原因呢？

很多的是"食古不化"，还有"画虎不成反类犬"的。

古，不是一个"分明"的概念，我们刻意去"分明"的时候就"师古"又"泥古"了。

说个比方吧，比如月亮，它可以是一盘"古月"，又可以是一盘"新月"，刻意去分明的时候，就"月非月"了。

还有个"时间"问题，不是年代远的就是古，年代近的就是新……开个玩笑——不管什么岁数，结婚的都叫"新人"，古今相同。

那么古的价值和意义究竟是什么？

我认为是——古意。

古老的意蕴，古老的意韵。

它里面有两个重要的"构成"，一是古朴、古雅，一是神秘、神圣。

我们"举例"说说什么是"古意"。

"心神无俗累，歌咏有新声。新声是何曲，沧浪之水清"……沧浪之沧和水清之清，古和新组成了"岁月的沧桑"——这就是古意。

基本上可以这么说——古意即诗意。

这话可能霸道些，但并没有强词夺理。

现在我们很多人的"诗与远方"也正是此意。

我们很多的农旅项目，没有诗意的原因也正是没有古意。

诗意，绝不是刻几首古诗所能体现的——这是我在一个"诗歌村"所发的感叹。

农旅项目怎么体现诗意？

咱们举例——"酒困路长惟欲睡，日高人渴漫思茶，敲门试问野人家"……

一个人喝多酒了，想喝茶解口渴，在野外有户人家，他就走过去敲门……这个就是田野的"田园诗"，真正表现出来花钱之外还要花功夫和气力。

花功夫和气力并不是让诗意变得复杂，而是更简单。

咱们再举个例子，说说齐白石。

白石老人晚年的作品就是"更简单"的典型，寥寥几笔，风云万千……这方面需要我们好好体会。

古意还体现在"旧时光、慢生活"。

快节奏折磨心灵，慰籍不了心灵——这也是我不赞赏"蹦迪"的原因。

你想象一下——你在一座古镇里飙车……是不是很煞风景？

有一个词我很有意见，就是那个"活在当下"。

据科学分析，人老的时候，大部分时间是靠"回忆"过活……

据科学分析，人小的时候，大部分时间是靠"梦想"过活……

不老不小的就能活在当下吗？

哪有什么时光匆匆？

对时光来说，它一直很"悠悠"，匆匆的只是你一个人而已。

尤其是出来玩了，还听什么"新闻"？

这方面我们的农旅项目要"反其道而行之"，只提供"古意"。

还有一个"古东西"放在最后说——古树。

对"古物"来说，古树是唯一活生生的古物，人看到它也会感觉到古朴和神圣，别的大多是勉强"活在心中"。

古树，是前人栽的。

对于我们的后人来说，我们就是前人。

农旅项目，可别再栽什么"速生林"啦！

4. 乡村之"幽"

人的一生总在不停的走。

我们很重视脚在走路。

我们很轻视心也在走路——虽然我们有一个专用词——"心路"，但我们的心路没有路标，没有方向，没有终始。

我们还是更关注自己脚步的道路，我们渐渐失去了对心路本有的态度——失眠的时候我们宁肯"数鸭子"，也不去数数心路的里数。

居城市久了，脚被工具替代，心被"手机"替代……被噪声和次噪音折磨得难以忍受……人这时才想到了还有一个古远的生活方式，它叫幽静。

幽静本就是一种生活方式，它远离了红尘，它摆脱了烦恼，它关照了内心……

这段话说得有点儿空对空了。

乡村的美丽应该就是很真实的存在，并且在城市稀有或是难以存在。

幽静，悠远清净。

在农村可以是——

一个人的小院，

一个人的小巷，

一个人的田野，

一个人的树林，

一个人的河流，

一个人的山谷……

自己可以听听它们说话的声音，也可以自己跟它们说话，也可以跟自己说说话……

——这些，城市真没有。

有人说——我不爱幽静，我就爱热闹。

他还说——人是群聚动物，凑热闹是天性。

我说——热闹总会过去，你得有面对不热闹的"手段"，不然你享受了热闹的激情还得回头去忍受不热闹的冰冷……

幽静能对抗这个冰冷，甚至更可以享受这个"冰冷"。

前些天，我给朋友撰了一副对联——

静时读书，闲时喝茶，朋友来时清酒

庭院深深，蝉鸣浅浅，竹影悠悠梦话

在凉风习习、竹影悠悠间酣睡梦话——这不就是神仙般的日子吗？

我也给一个农旅项目出过这么个主意——在项目里建一处"一个人的酒馆"，房间只摆一桌一椅……给很多愿意享用幽静的人一处幽静之地。

具体到农旅项目，怎么把握这个幽静呢？

首先要有路数。

基本上这几个词语就能"曲径通幽处"：

一是——入微寻幽，

二是——吊古寻幽，

三是——凿险缒幽，

四是——遁世幽居，

最后是——既娓娓于幽静兮，又婆娑乎人间——意思是既向往幽静，又不远离红尘。

——呵呵，这个状态是不是个好状态？

再具体讲，就是——"幽静面对面"。

比如：

深谷幽兰，浅水荻花；

蝉噪林逾静，鸟鸣山更幽；

明月松间照，清泉石上流；

还有就是人完全"退隐"。

比如：

深山人不知，明月来相照；

暖暖远人村，依依墟里烟；

只在此山中，云深不知处。

……当我们的农旅项目，客人们不喝醉酒，还能达到"不知今夕何夕"了，那个"度数"就够了。

5.乡村之"野"

我们的孩子能成为《老人与海》中的老人吗？

不敢断言……

你的孩子能成为《老人和海》中的老人吗？

不敢断言……

那个老人最高贵的品行是什么？

是不屈的"野性"。

野性是怎么来的？

野性是——生之性。

我们的孩子都是捧着养、含着养，很少面对野性，将来如何面对野性的挑战。

但愿没有挑战吧……

这是我编排的一段对话，编排完，自己也空落落、失落落的。

说说自己的建议吧——孩子们不能失去"野性的力量"，这得从两个方面注意，一是社会的"教育文化"，二是孩子的生存、生长环境。

过去有个"武断"的说法——吃粮食的干不过吃牛肉的……也

可以再推演——吃牛肉的干不过吃野牛肉的。

真希望我们的孩子能猎得到野牛，也吃得上野牛肉。

"野性从来与世疏，俗尘自不到吾庐"。

咱们还是拐到乡村吧，

我从小被别人称作"野小子"，知道这不是个好词，但也没反应过激。

现在总盼望成为一个村野之夫……也只是盼望而已。

将来呢？想象着"闲云野鹤"……美好的想象不可缺失。

野——原野、旷野、野茫茫，

野——狂野、撒野、野蛮，

野——野花、野狼、"野人"。

……想象这些是不是血脉偾张？相信很多人都有这样的想象。

既然是很多人的想象，我们的农旅项目就得好好思量。

思量怎么发点儿野性，怎么干点儿野事，怎么品点儿野趣，怎么吃点儿野食……最后让客人们多少长点儿"野心"……

那么问题来了——我们的大人们不会让自己的孩子冒一点儿险、受一点儿伤，我们怎么设置"野性"项目？

你可以"两条腿走路"，另一方面想办法去改变家长，一方面通过孩子改变家长。

再具体说说？

没法再具体了，这里面有很多的技巧，需要各自的用心和体会。

咱们说个比方吧。

很多孩子都害怕黑夜、害怕黑漆漆、害怕鬼、害怕走夜路……但他们喜欢数星星、喜欢萤火虫、喜欢听蛙鸣……

我们就带孩子们去数星星、去捉萤火虫、去听蛙鸣……次数多了、时间长了，他们就喜欢黑夜了。

还有我们大人们不要顽固，不要认为我们小时候玩的就过时了、落伍了，那些充满野性的游戏是经久不衰的，比如——骑马杀仗、比如撞拐，还有那个几千年的"石头剪刀布"……

这似乎都是男孩子们的吧？

女孩子可以去"拾野"啊，比如去拾花生、拾蘑菇、拾野菜……

那个野菜到底好不好？

不好回答这个问题，但我可以告诉你——现在粘上野就贵，比如那个野鲫鱼、野鸡、野鸡枞，都比养殖种植的贵几倍，还有那个野山参，更是身价百倍。

野，没有什么不好的，也不要把野看成是"土气"。

前些天有做农旅的说要在农村建什么"小花园""小花海""小公园"……我说——你个笨蛋呦，乡村建什么花园、花海，连"次货"的人都知道——"家花不如野花香"啊。

切记——乡村之野即乡村之本。

"斜阳彩云萦，青山接陌横。

鹭飞田畔绿，客钓水波盈。

犬吠孤村远，野花蝶舞轻。

向人参旷宇，古树壮风声。"

6. 乡村之"奇"

一日三餐，一年四季，一年二十四节气……

白降黑升，春来秋去，循环不止，周而复始。

乡村生活本平淡无奇，都说"平平淡淡才是真"，但长期的平平淡淡人们也不能长久面对……于是乡村人做了很多不平淡的努力。

我们的"文化体系"，还鲜少在这个"努力"上做很好的总结和研究，这个缺失应该补上——这是题外话。

从个人来讲，我感觉最不愿"平淡"的是我的奶奶，一个"创造故事"的人。

我知道——是后来才知道，奶奶讲的故事很多是为我量身打造的，是好心、苦心。

奶奶说——村口老井里面有时会有人说话，趴井口就听得到……谁听得到谁的魂儿就会被井底的人吸走，那个魂儿要给人家干活，都是挖河、挖沟、挖井的重活，可累人了……

后来知道奶奶是怕我到井口边有危险，当时可没那么想，当时觉得太好玩了，时不时偷偷趴在井口听声音……

奶奶说——旋风里都有一条蛇，大旋风是大蛇，小旋风是小蛇，小孩进到旋风里就会被蛇带到天上去，蛇会把小孩绑上吊起来，最后晒成肉干儿……

后来知道奶奶是怕我受旋风的伤害，但田野里起旋风的时候，我都想冲进去……我大哥倒是不阻拦我，但嘱咐我把镰刀、割刀子什么的先扔进旋风里，说，蛇就怕带刃的铁器。

现在再想想这些"民间故事"，感觉它最大的意义是给平淡的生活增加了"神奇"，也让"童话"和"神话"成为了生活中最有滋有味的组成成分。

说到有滋有味，想到了我们村子里的一位人物——他是全村人公认的"炖鱼能手"。有人家找到他，他会从包裹得严严实实的包里取一点儿"粉末儿"洒到这人家炖鱼的锅里……炖出的鱼果然是奇香无比。

我一直追问他粉末儿的事，他一直不理我……我一直偷摸盯梢了他一整年，基本摸清了那粉末儿的"配方"，有什么藿香、薄荷、茴香……长大后我也摸索做过粉末儿，但一直没有人家的香。

可以这么说吧，很多的佐料、香料也都是人们对抗或改变那个"平淡"而"发生"的。

还有奇花异草、奇人奇事、奇观奇景、奇风奇俗、奇音奇味、奇珍异宝……也都是对应"平淡"而"发生"……而这些里边，有我们农旅项目取之不尽、用之不竭的资源。

我们有"无心插柳柳成荫"的典范，比如婺源油菜花，比如龙脊梯田。

我们有时间打磨的样板，比如百年葡萄树、比如千年古槐。

我们有很多成功的奇思妙想，有很多惊人的出奇制胜。

还有那个"至境"——化腐朽为神奇。

分享一个"化腐朽为神奇"的经典故事——上官婉儿的故事。

上官婉儿是历史上有名的美女加才女。

有一次因为意外，她的额头被打破了，留下了疤痕。

留下疤痕肯定是一件很难受的事。

可她想到一个办法，在疤痕那儿专门刺了一朵红色的梅花用来遮掩。

没想到额头上有了这朵朱红的梅花，反而平添了几分风韵。

大家都觉得很美，一时间争相效仿。

于是这种梅花妆成了当时一种流行的妆容。

7. 乡村之"闲"

我去过一个"休闲村寨"，村寨改建的很有样儿。主人询问我意见，我说："像一个人一样，长相不错，就是缺魂。"

看到他不解的样子，我极力和缓着说："休闲的地方，一定不仅仅是休息的地方！"

你花了那么大功夫让客人睡得多好、躺得多好，不如花功夫让客人站得多好、干得多好。

客人无事可干，就无事生非，那个非，最接近百无聊赖，百无聊赖最接近无聊，无聊就是没意思。

客人们出来休闲，主要的还是要寻找一个"意思"……

究竟什么是休闲的"意思"呢？

这是很难一句话说明白的概念，咱们打比方说吧。

我们每个人每天都走步。

一些人"快步"，急匆匆要去做什么事，这个快步跟休闲没啥关系；

一些人"走步"，常常规规地走，机械性地走，这个走步跟休闲没啥关系；

一些人"慢步"，心事重重的样子，这个慢步跟休闲没啥关系；

一些人"散步"，饭后遛遛食儿或是锻炼锻炼身体，目的性很突出，这个散步跟休闲也没有关系。

有的人、极少的人"闲步"——头不想去哪儿，脚也不知去哪儿，身和心若即若离、意与念似有似无……似乎是跟着云朵走，又似乎云朵跟着他在走；似乎是跟着风走，又似乎风儿跟着他走……他神经不衰弱、精神也没毛病，就是能超然物外，就是能物我两相忘……

——这个闲步，就是休闲。

这个休闲的人，"不用心、不着意、不沾情"，身心得到了天地的和合，身心得到了万物的滋养，身心得到了纯粹的淬炼……休闲了几天，修成了一个"活神仙"。

这个论述是不是有些人不怎么理解或是不怎么认同？各持己见吧。

我个人还有个更"高端"的论述——我们的休闲，应该改成"修闲"。

像修省、修身、修禅、修仙一样，去修这个闲。

我们好愿意"偷得浮生半日闲"。

很希望——"宠辱不惊，看庭前花开花落；去留无意，望天空云卷云舒"。

很向往——"云淡风轻近午天，傍花随柳过前川。时人不识余心乐，将谓偷闲学少年"……

但是，我们很多人做不到、够不着，原因呢？

原因就是闲的功夫还没修炼到位，还差得老远老远。

以此，我个人的意见——农旅项目有好的环境、好的基础，要把"修闲"列做项目的重要内容……这样的项目不但有意思，还对人的身心健康有实质帮助，大善事一件。

怎么做？

我列了一个"公式"：闲心—闲情—闲事—闲人。

具体解释：让人心闲下来，移情到闲情逸致上，认真地去做闲事，最后能修个闲人。

在乡村，我经历过很多"闲事"，跟大家分享两个。

小时候，村里很轰动的事是哪家猪下崽了，哪家羊下崽了，哪家兔子下崽了……很多人院里院外地挤着，看得到很多人的很多表情，听得到很多人的不同的呼吸声……为什么轰动？就是大家都把小事当大事的时候，事情就更显得庄重……还有大家都把别人的事当成自己的事的时候，人与人之间就能共情，有了"庄重"和"共情"，闲事就变得与众不同了。

另一个——村里有棵老槐树，老槐树比奶奶的奶奶还老了，正是因为太老了的缘故吧，老槐树开的花格外香……每年老槐树开花的时候，村里会选一个日子在树下埋锅架灶，由十八岁的女孩摘花，由八十岁的奶奶做槐花蒸糕……那是全村人的节日，那股花香会弥漫整个村庄很多天……

修闲、休闲，一个人把闲日子过好了，才算是过上了真正的好日子。

8. 乡村之"乐"

我也不乐意推演枯燥、晦涩的理论，但理不通——事难通，在做事之前，我们还是应该想通理论。

"向死而生"是海德格尔的哲学理论，其实他虽然提示"重死"，目的还是有"重死以求生"的用意。

不能说这个理论好与坏，理论就是客观存在，客观的最不容易被掩盖。

但我们可以提倡一个理论，也可以忽视一个理论。

"向乐而生"感觉还没有上升到理论高度，更多是一种态度吧，这个态度很多人会欢迎。

还有一个就是极端的态度了——"娱乐至死"——极端的一般都长久不了，正视它就行，没必要喊打喊杀……

面对我们乡村的农旅，我们这样说没啥问题的——乡村旅游要——"依美而行、向乐而生"。

乐，乐的生成、存在和发展最初不是"欢乐、快乐"，它的"底子"还是"苦"。

乐，本初的表现是"音乐"，我曾给音乐人说过我的音乐观，他们还是认可的。

我说——每一种乐器的单音都是忧郁的、昏暗的，欢快是后来加工的东西……我还说了一个类比——除人类之外，所有动物的眼神都是忧郁的、昏暗的，人的欢快是特别的东西。

其实，音乐史大致也支持我的观点——音乐最初是祭祀天地和神灵的，有的是虔诚和惶恐，没有欢快和轻松。

乐事应该是在音乐之后发生的事，所以不论有没有音乐做主体、客体，乐事都有或似有似无的音乐成分——那个旋律和节奏伴其左右……

总算把"乐"的理论完了。

回头再看看我们农旅项目的"乐"，问题就一箩筐了。

从音乐方面来说，我们经常看到、听到的是摇滚音乐、广场音乐，我们没有接地气的乡村音乐，有也是从属和末流。

音乐史说——有人的地方就有音乐，不同的地方有不同的音乐……这么看来，我们的乡村音乐是被什么动物吃了？

乡村音乐在农旅中怎么表现呢？

那应该是太有乐趣了。

乡村最美的音乐首先是自然天籁吧，鸟的婉转、风的窸窣、虫的唧啾、水的叮咚……这些都是羡煞城市人的好东西。

我们可以建"蟋蟀书房"，

可以建"蛙声餐厅"，

可以建"鸟的树林"，

可以建"水的音乐厅"……

我们带孩子们捉蛐蛐、捉蝈蝈、捉知了、捉叫蚂蚱……带孩子们做蛐蛐笼子、做蚂蚱房子……孩子们能不高兴？

我们的"乡村之夜"音乐会也要与众不同。

我们有秫秸笛独奏，

有叶笛吹奏，

有"泥哇呜"演奏，

有"土琵琶"弹奏，

有"锅瓦瓢盆交响曲"，

有"骡马牛羊大合唱"……

这样的音乐会，城市人能不高兴？

我们乡村还有一个"宝贝"——乡村大集。

大集是一幅跳动着的、变幻着的乡村乐事画卷，五行八作、忙人闲人、叫卖吆喝、喇叭大鼓……我们如果把大集的环境做好、卫生做好、秩序做好、管理做好、文化活动做好……它会是乡村之乐的大片。

乡村还有很多事是乐事，可以重新发掘和装扮出来。

比如——乡村盖房子，

我们可以展现"夯歌"，

展现"上梁"之礼，

展现"编笆"技术，

展现"和泥""甩泥"，

展现"木兴宅旺"，

展现"行水通风"……

这样的活动，才敢说是活的、动的"活动"。

9. 乡村之"善"

小时候，家里养了一条狗。

外人来，狗有时候叫，有时不叫。

叫的时候，感觉母亲很紧张……

我问原委，母亲说："狗通人性，善人来时不叫，不善的人来就叫……"

父亲原来在村里是主事的，赶车（牛车、马车）是个技术活，也是个省事活，很多人眼睛发蓝地盼着干这差事，他们见到父亲时说话都是细言细语的。

有一个外号叫"大将"的人，一直赶牲口车，一天父亲突然停掉了这个人的赶车差事，那个大将闹闹吵吵了大半天……

我问原委，父亲说："牲口可以打，牲口"反性"的时候就得教训，但不能平白无故地打，他把自己的怨气撒到牲口身上，就是牲口不如的家伙……"

我们很多文艺作品描写农村人，都爱用"淳朴善良"来形容，但是——为什么农村人就淳朴善良呢？

这个问题我想过很久、想过很多次……

我的回答是——农村人大都是庄稼人，年年月月、日日夜夜地跟庄稼打交道……庄稼呢？得到人的善心照顾就丰收，得不到善心照顾就欠产，天灾除外……农村人照顾的家畜、家禽什么的也是一样，对它们好，它们就更卖力；对它们不好，它们就消极懈怠……久而久之、久而久之，农村人就明白了，就淳朴善良了。

这个善良，也久而久之地沉淀成了生命的底色，删减成了人性的本色。

前些日子去了一个滦州的小山村，家家户户都有花，并且是院里院外都有。

我问村里的干部："是村里号召的吗？"

他说："不是，很早很早就是这样子……我也是听老辈人说：村里最开始有一家爱养花，刚开始自己在院子里养，村里很多大闺女、小媳妇、孩子芽儿的都去他们家里看……这家为方便大家，就把很多好看的花种到了院子外、摆到了院子外……后来的后来，家家户户都在院子里、外养花、摆花了。"

我当时感慨——这不单是美的风景，也是善良的风景线。

我们的农旅项目，就应该多发现和打造这样的善良的风景线！

我在公家工作的时候，参加过一个村里的"新春联欢会"。

村里的干部是个很憨厚的庄稼人，我想不到他能有那么多"鬼点子"。

那个村庄不大，几十户人家、200多口人。

村里"规定"——家家都要出节目，不出节目的得交20元钱，钱款用来奖励演出的优胜者。

演出顺序"抓阄"决定，节目评委10人，也由抓阄决定。

每个评委发10粒玉米，

每个节目演完，10个评委顺次往大碗里投玉米粒。可投可不投，可多投可少投。

最后，按玉米粒的多少决定名次，

名次对应的奖励是不同分量的猪肉……

很多节目都是家长里短、你侬我爱，很温暖、很窝心。

当时有一个节目也很感动我——叫父子骑驴。

伴奏的喇叭是儿媳吹的秧歌点儿，那叫一个带劲儿。

父亲让儿子骑驴，儿子不肯……

儿子让父亲骑驴，父亲不肯……

最后，父亲的话很有意思：都不骑驴也好啊，让驴省省蹄子，还得拉磨啊……逗得全村人全体前仰后合……

——如果这样的"情景再现"放到我们的农旅项目里，其不善哉！

10. 乡村之"新"

深山有座古庙，你会感觉很自然、很和谐、很有感觉。

深山里有座彩钢房，你会感觉很别扭、很违和、很没感觉。

但很久很久以前，那时在深山建庙，当时的人们也许感觉也不舒服。

庙的时间很久了，人们感觉它在那里妥妥的，或是它就应该在那里。

说这些话是什么意思呢？我是想说——求新，要有时代性、历史感，不要前狼后虎的那么多顾虑。

灰砖青瓦，当然很有感觉啊，但国家已经禁止生产了，怎么办？那就得把瓷砖石棉瓦做出感觉来啊。

我们完全可以用玉米建房子，用大米做装修啊……

"牧童归去横牛背，短笛无腔信口吹"，好不？好！但孩子们还能做到吗？

"肯与邻翁相对饮，隔篱呼取尽余杯"，好不？好！但大人们还能做到吗？

我们有些人坚守"古典"，很可贵，但与时俱进也是"势也，时也"。

农旅项目，本身就是个新"业态"，需要我们用创新的思维重新面对它。

什么是农旅的创新思维？

首先是农业的创新，这方面国家已经做了很多的创新了。

——比如户籍制度的改革，消除了城乡先赋性的差别，赋予了所有公民的平等权利，劳动力可以不断地与更高级的劳动要素组合，身份、社会地位可以不断变动。

——比如取消了"农业税"，农业不需要再为工业提供积累，也不需要再为城市的供应做出牺牲。

　　——比如乡村振兴战略的提出，"产业兴旺、生态宜居、乡风文明、治理有效、生活富裕"的目标也非常接地气。

　　在农业基础上的旅游呢？农业是国之本，旅游是朝阳产业，农旅应该更前沿、更先进、更大胆。

　　农旅一定不要是在农业上叠加旅游，而要在农业本身生发、升华出旅游。直白说吧——景区，城市人、农村人都去。农旅项目主要是城市人消费，你的农旅项目跟景区别无二致，城市人不会非得去乡村；再者，我们把乡村建得跟城市一样，那城市人为什么要去看这个跟风、蹩脚的地方。

　　具体我们怎么办？

　　有几个很新的概念，我们一起熟稔熟稔。

　　——美丽经济，这是我们农旅的新概念，其义是把乡村变得更美丽，让更美丽产生经济效益。

　　——经营村庄，这是新兴起的村庄经营模式，可以是公司的专业团队——专业打造村庄、专业经营村庄。

　　——共享村庄，这是共享经济在村庄的活性移植。

　　——新新农民，这个更重要，田园梦想家、农旅创业人、城市的知识青年……都欢迎来乡村旅游、投资、创业、颐养……乡村有了新血液，乡村才会产生新生命，才会迸发新活力！

农旅

的

使命

1. 农旅

农旅，这个名称本身就"名不正"。

现在，很多人误解成了农业（农村、农民）＋旅游，

误解成是农业和旅游业的融合或复合。

以至于出现的流行现象就是——农田＋游乐项目，农庄＋文艺演出……

很多的"不伦不类"由此而生了。

我接触过很多的农旅项目规划设计人员，也问出过很多个"灵魂拷问"——你懂得农业吗？得到的回答都不理想。

"不懂农业"的农旅项目怎么能在农田里扎根，又怎么能在农村生长？

农旅，我认为应该是"农"生"旅"，不能是农＋旅。

这个观点建议自上而下都应该重新端正、更正，甚至需要改正。

"农能够生出"旅"来吗？

当然能。

"农"能产生"美"，这个大家都会认同吧？

"美"能产生"旅"，相信这个大家也会认同。

那么，"农"生"旅"不就成立了嘛。

2. 使命

使，出使的人。

命，命令或任务。

使命，一般是指人或事的"重责大任"。

那怎么定义"农旅的使命"呢？

我想，现时期农旅主要是要完成"乡村振兴"的重责大任。

这也可以说是农旅对"三农"（农民，农业，农村）的历史使命。

乡村振兴，可以简单概括成三个字——富、强、美，

农民富裕，农业强大，农村美好。

使命必达，那就得改变现在的不富、不强、不美。

历史使命：

除了要明确重责大任，更重要的还有一点，就是要建构起"历史"——历史的过去，历史的现在，历史的将来。

很多时候，我们过于着急往前看、往前走了。

我们很多的失误、失败，不是因为我们没有理想，而是我们太理想化了。

使命担当：

首先需要"广泛而深入"的洞悉这个"担子"，需要我们俯下身子、慢下脚步，好好认识这个"三农"。

3. 从吃开始

农业和农业文明是两码事。

农业文明和农业文化是两码事。

农业文化和旅游文化是两码事。

但文化是一回事，

——这才是农旅的"因缘"。

我们考虑农旅问题，就得从文化开始。

农业的文化从哪里开始呢？

我认为是"吃"。

所谓"民以食为天"，吃是比天还大的事。

"你吃了吗？"这句"流行语"不是流星，而是恒星。

在中华民族流传下来，还要流传下去。

我们研究文化，建立了很多模式，这些模式并没有触摸到文化的核心和实质，原因是什么呢？

原因就是我们过于注重了模式，没有"明心见性"。

如果我们思考农业文明，从一日三餐开始，从吃饱前、吃饱中、吃饱后开始，从吃好开始……我们会遇到好多好东西，会遇到春种秋收，会遇到二十四节气，会遇到"搂着馒头睡、盖着雪花被"……而这些是我们不该丢失的，却已被丢失了的东西……我们开始"四体不勤、五谷不分"，开始变得饮食无味，开始变得失魂落魄……我们得找回我们的魂魄……从吃开始！

4. 三农要做顶天立地的大英雄

衣食父母，

给衣穿、给饭吃的父母，

也可以说给衣穿、给饭吃的是父母。

可现实很冷峻，

现实把庄稼人叫"土老帽儿"，现实把素质低的人称作"农民"。

说到这里，我眼睛模糊了……

庄稼人、农民是衣食供给者，

我们很多人成了不肖子孙而不自知！

怎么办？

怎么去改变这样的人？

去说教，说你三辈以上皆农民；说城乡差别不是农民造成的；说国家拿大把银子建设城市，没有拿很多银子建设农村……说这些有用吗？

估计效果一般般。

不如就去建设农村，建设新农村，乡村振兴了，乡村美丽了，地位自然就提高了，人格自然就平等了。

怎么去建设？

谁去建设？

建设成什么样子？

什么是"成功"的标准？

这一系列问题最后一项最需要首先确立。

我认为，"三农"不需要悲情，"三农"不需要同情，"三农"要做顶天立地的大英雄。

而成功的标准——有一天，总有一天……城市人会像农村人往城里挤一样……往农村挤。

5. 三农的困局

找出问题，很重要很重要。

我们不能进步和发展，是发现不了问题，是找不出问题。

掀开"自我感觉良好"的外皮，问题就赤裸裸地摆在那儿。

"三农"的问题主要是什么呢？

农民——主力是留守老人，年青人成了凤毛麟角。

农村——越来越多成了"空心村"。

农业——因为农田的"碎片化"，农业现代化提高速度迟缓。

这样看来，两个问题就突出出来了，一个是人的问题，一个是地的问题。

人的问题就是怎么让年轻人愿意在农村发展。

地的问题就是怎么让土地提高规模化、集约化水平。靠政策能解决，虽然需要平衡很多利益方的利益，国家也在这方面做了很多的探索和尝试。

难解决的是人的问题，是年轻人的问题。

说农村能挣大钱就能留住或吸引年青人，我不相信。

我相信还得靠"舞台效应"。

舞台足够大、人生角色足够惊艳、向上流动空间足够广阔……年青人自会聚集。

这个舞台，"旅游"能起到直接的支撑作用。

6. 文化是"农"到"旅"的桥梁

农旅，更确切些应该叫"农文旅"。

农业是基础，

文化是方法、是桥梁，

旅游是目的、是结果。

那是什么串起这三种"业态"并"合三为一"？

我认为是一个字——"美"。

农业本源之美，文化提升之美，旅游专注之美。

这其中，文化提升更重要。

我们的"民俗村""农家乐""采摘园""某某小镇"……为什么很多不挣钱？

因为它们还没有美到让大家花钱乐意享用或是疯狂追求。

美不美很难定义，但又很容易区分。

对于具体的农旅项目，就要先做这个"区分"——在区域大环境里，这个项目是不是美得能跳出来。

能不能跳出来就是简单三方面：

一是吸引眼球，

二是搅动感情，

三是震撼灵魂。

再具体说呢？

再具体说——就是一个人在那里能不能遇到另一个自己。

嘿嘿，似乎更抽象啦！

7. 重新发现被埋没的价值

三农本没有旅游，以农生旅，这个"农"自然就是"母亲"的地位了。

这没有什么违和别扭的。

我们很多人都说过——大海是母亲、大地是母亲诸类的话。

话说多了，就司空见惯了，就淡忘了，就漠视了。

三农里面就有很多被我们漠视的东西，我们得重新重视起来。

首先就是"土地情怀"，我们很多时候会说什么什么"不接地气"，这个"什么"大概就快挂了——人的立足之本不会是别的，只能是土地，可惜我们很多人都漠视了，漠视的结果是我们被土地漠视了，来来往往无足轻重。

其次是那个"乡愁"，愁不仅仅是发愁、愁苦、愁怨，更多是那股魂牵梦绕、挥之不去、如丝如缕的思恋。

不要过分计较有些人对"农"的蔑视，灵魂深处他也有那个乡愁，只是还没有什物和机缘动到他那根弦儿。

最后是"生存空间"，这个问题是回避不了的——城市越来越大，生存空间越来越小了。

好多人在城市里找不到了自己，很孤立、很孤独、很孤寂，而"农村是一个广阔的天地"，在那里很多人都能找得到那个遗失的自己。

8. 价值更在于创造

经常碰到这样的提问——我们村能做旅游吗？

我也经常说——无所不能。

无生有，有生无，生生逝逝，逝逝生生……一切确实皆有可能。

但这个"可能"得有个前提，得有能人。

甚至可以这么说，做农旅，能人比资源更重要。

有一次，我跟一位村官对谈，村官家住一个小山村，一个普普通通的小山村。

他问我："我们这里也没啥特别呀，看你挺喜欢的，真能做出旅游来？"

我说："你跟着我想象一下啊——

"你们村里有石头房、石头墙、石头巷，你让石头上长出好多的青苔来，长出好多的菌衣来，长出好多的蕨类来……然后再给村子起个别号——'青苔小山村'。

"村子后边有道山谷，你们也如法炮制……起个别号——'青苔谷'。

"山谷里有一条山溪，你们还如法炮制，山溪边的大树上长满青苔，山溪边的石头上长满青苔……起个别号——'青苔溪'……

"你想想，城市人会不会趋之若鹜？

他说："有意思。"

我说："你们是不是可以意思意思……"

他说："真想试试。"

我也承认，不是所有村庄都可以做旅游，因为最后是要竞争的，竞争到最后特别突出"比较效益"——头脑需要冷静再冷静的就是这一点。

9. 田园梦想家

乡村振兴，不能把责任都推给农民。

它是国家战略，也是中华民族伟大复兴的重要一环，它需要能人、大家、大师，需要探索者、先驱者、先行者……尤其需要"田园梦想家"。

田园梦想家，暂定义就是想在田园实现田园梦想的人。

应该有很多很多这样的人，套用一句网络用语，很多的这样的人都还在"潜水"。

我们可以做这样一个"调查问卷"：

——你的梦想家园是什么样子的？

相信描绘来描绘去不外是——

好景色：有山水水有树林，

好差事：养花种菜摘果子，

好嗜好：喝茶喝酒喝咖啡，

好消遣：养狗养猫遛遛鸟，

好享受：想睡就睡想起就起……

你也是这样子的吧？

那么就印证了前面的定论——很多人都有田园梦想。

梦想与现实之间一定有段距离，尤其是起始阶段一定是很难跨越的一段距离，谁率先去实现这个梦想？

这个梦想实现以后，会有很多的梦想能够实现。

很多的梦想实现以后，乡村振兴的梦想就会实现。

那谁会义无反顾地去做那个田园梦想家？

国家应该怎么支持和帮助？

百姓应该怎么响应和拥护？

10. 农旅的企业化组织

对一个村庄来说，农旅是一个体系，是一个系统，是一项系统工程。

它需要的是与之相关联、相匹配、相适应的新型企业化组织。

我去天津和秦皇岛郊县做农旅调查。

——村子里民宿建起来了，农家乐建起来了，饭店建起来了，采摘园也有了……就是外来游客不多，各家各户效益也不彰。

原因呢？原因究竟是什么？

我说，主要原因是组织化水平低，在发展农旅的同时，没有创制新型的经管组织。

有人说，我们村委会很好的、很负责的。

我认为那是两码事——当村委会的管理跟效益不挂钩、当村委会的管理不是经营性质，那个村委会就带不动那个农旅村庄。

农旅需要现代企业管理。

现代企业需要建立现代管理制度、管理模式、管理方式。

现代企业管理，有很多很多不是村委会能够承接承担的。

这个企业组织应该由谁来做呢？

他可以是村子里的能人，这个能人懂经营会管理，组得起来企业盘子，也筹得出运作资金。

他可以是外来企业，这样的企业就是专业做农旅的，他需要和村子、村民平衡好利益关系，再按照农旅发展的规律去专业经管。

不管是村庄自组的企业还是外来的企业，

这种趋势一定会是大势所趋。

这种趋势也会让我们的农村发生"大变局"。

11. 农旅人

农旅刚刚发轫，

农旅正在路上，

农旅方兴未艾，

农旅前程似锦，

农旅会有很多人找到新前程，

农旅会有很多发大财的机会，

但……

"术业有专攻"，

没有很多人懂农旅，没有很多人知农旅，没有很多人投身、献身农旅……

原因呢？

原因是农旅之于很多人还懵懵懂懂，

原因是很多人之于农旅还是一头雾水。

那就需要农旅要明确定位自己，

那就需要有很多人要成为"农旅人"。

农旅会是一门学问，做学问的人要去做研究、要去写讲义、要去编教材、要去讲课……

农旅会是一个行业，得有行规、有行情、有行家。

这个"行家"很关键，

他关乎着农旅的成败、关乎着农旅的进程。

我们可以这样"预测"——

我们应该或必须涌现或培养出一大批的"农旅策划师""农旅职业经理人""农旅爱好者""农旅人"。

事生势，势生事；

事生人，人生事。

农旅人，就是这个时代的新呼唤。

12. 花海不是农旅

花海走捷径，

老物件时兴，

农家饭幌子，

老房子通病。

这是我概括的当下的农旅"怪相"。

花海不是很好吗？

很难彻底否定它，但决不能完全肯定它。

我们要反复明确的观念就是农旅要——以农为本！

当各地都拿大片大片的土地做花海的时候，就会出现"与农争田"，对于我们的实际国情就会出现大问题。

花海还有个问题，就是会让农旅去走捷径，我们也都知道，捷径一般都不是通向远方的路。

花海还有个问题，花开了游客来了，花败了游客走了……我们也都知道，没有持续性，调不动老百姓，老百姓不广泛参与，农旅也不会"长命"。

花海还有个问题，花海太容易复制和跟风了，我们也都知道，能够批量生产的东西，最后都会是廉价的东西。

13. 老物件是不是乡愁？

老物件是不是乡愁？

不是的很多，是的极少。

咱们先讨论一下别的，比如"评剧"。

我们讨论讨论评剧的生存状态。

什么状态？

基本上是"碎片化生存"。

完完整整的、鲜鲜活活的评剧已经一去而不复返了。

什么是碎片化呢？

就是零零碎碎的评剧"元素"还存活着，比如在一些偏远地区，一些"桥段"、一些曲段……

评剧有没有"复原"的可能呢？

这个问题不好回答。

回答这个问题，还得前置性回答这样的问题——评剧有没有复原的必要？

这样去思考，我们的答案就呼之欲出了。

乡村的老物件呢？

我们也可以这样去思考——

老物件有没有可能复原？

（前置性）老物件有没有复原的必要？

我个人认为是很消极的。

而现实情况却出乎我们的意料

一些农旅项目，极力想复原它们，似乎它们就是乡愁的正宗、就是乡愁的全部、就是乡愁本身。

理由也有不少——人们看到它们，会睹物思情、会心由相生、会发思古之幽情……

我不完全否定，但我敢说这只是"一厢情愿"。

我也建议——不要光是想，要去调查研究。

我就问过很多人——你住的民宿里摆很多老物件，什么老柜子、老箱子、老挂钟……你喜欢吗？

我得到的回答很多是不喜欢，更有甚者说——我害怕，看到这些睡不着觉……

这是我的调查，调查结论是——老物件很多应该是摆放在展览馆、博物馆里，不需要院里院外哪儿都是。

你也多去调查调查，得出你的结论。

14. 农旅餐饮"四要一不要"

餐饮最好做，因为人人都明白；

餐饮最难做，因为人人都明白。

农旅的餐饮呢？

很重要很重要的一块。

但目前来看，还都没有回答的很好。

前些日子，我说了一番"狠话"——

农旅的餐饮搞什么快餐、简餐，简直弱毙了！游客吃戗不吃顺，你越顺着，他越踢腾；你越戗着，他越顺溜……

不管怎么说，这样说都不为过——农旅的餐饮，必须闯出、创出一片新天地。

怎么着做？

我归结成了"四要一不要"。

一要：餐饮处所、环境要"野化"

农旅的餐饮，还去做什么"包间""厅堂"，那就是"暴殄天物"。

城市人在城市不得不在房间里吃，来到农村就不要非得让他们还在房间里吃。

让他们去大树下吃，在大树上吃，在水边吃，在水里吃，在月亮下吃，在星星下吃，在花丛里吃，在稻田里吃……

不管他们习不习惯，先管他们喜不喜欢。

二要：吃的东西要"异化"

不要跟他们强调"绿色食品""营养食品"，这些方面城市人比农村讲更有说道。

不要让他们吃出什么健康，要让他们吃出愉快。

什么是他们没吃过的东西，什么是他们没吃过的烹饪方式……尽管给他们"伺候"。

但是不要触碰"法律边缘"的东西……可别真犯法啊！

三要：餐饮环节要"融入化"

什么人最爱评头品足、指指点点？

不干活的人！吃闲饭的人！

不能让游客不干活、吃闲饭，要让他们去采蘑菇，去抓鸡，去钓鱼，去择菜，去烧火，去拉风匣……干活了、做饭了，没人再会说饭不好吃了。

四要：食材要"地标化"

游客吃的东西不要是超市的东西，要是在地的东西，是"地标"高度的东西——这个东西只有这个地方有，这个东西只有这个地方的好，你不仅吃的到，还可以买走回家。

一不要：不要拼什么名牌菜、品牌菜

说句难听的——什么好吃的都"进京"、"晋京"了，城市人想吃什么名牌、品牌，出门溜达几步就有。

还有那个"农家菜"，菜来菜去的都"菜"了，也最好别再拿它当幌子。

15. 老房子、新房子

"老房子的墙是灰的，
老房子的顶是红的；
老房子的地是青的，
老房子的门是木头的。
裂开的瓦砾在树梢张望，
鸟儿的巢穴依然空空荡荡。
老槐树的枝叶伸向远方，
雨水滋润它就生长。"
老房子和住过老房子的人都有很深的情怀。

它很深地镌刻在生命的深处，时不时发出生命深处的呼唤……

这个呼唤是"共性"的，没有住过老房子的人也有这个"原点"。

因之，农村的老房子也会是城里人的老房子，那个"共鸣点"就明明白白地摆在那儿。

农旅项目中，我们有很多人都动过老房子的心思，以"心思"也动了很多的老房子了。

成功的不多，失败的比比皆是。

咱们举例说明说明：

第一种是"原汁原味理论"，老房子还要是老房子的老样。

这个"理论"的问题是——老房子适应老辈子的人住，不再适合现代人住了。

如果是"观览"很好的，拿来当"客房"就不好了。

第二种是"仿古理论"，用现代的建材替代过去的建材，用三钢（不锈钢、玻璃钢、彩钢）替代老石头、老砖、老瓦……远看像那么一回事儿，近看不是那么一回事儿。

这个当然不好，人最讨厌的就是被忽悠、被糊弄，假的东西一定打动不了人心，虽然自己也常常"虚情假意"。

第三种是"推到重来理论"，随心所欲，标新立异。

这种"理论"不能完全否定，只是要注意——不能造成新的不和谐。

和谐，是很多理论的基础，农旅项目中的"住宿"当然也不例外。

住宿要跟农民和谐，要跟庄稼和谐，要跟山水和谐，要跟农事和谐。

当然，更好的境界还是那个"不仅仅是理论"。

老房子、新房子不仅仅是住宿，

它里面有回忆，有情怀，有文化，有乐趣。

不知不觉，

——客人变成了主人，

——这才是农旅住宿的最好、最高境界。

16. 新新农民

现代农技和电子科技的发展，一定会改变农业的现有状况和未来格局。

能够掌握和使用现代农技和电子科技的人，才会是将来的"农民"。

——这会是一个不可扭转的历史进程。

而当下呢？

当下会生长和繁育出大量的"新新农民"。

怎么定义这个新新农民？

咱们先看看谁会是这个新新农民群体的构成部分：

一是"城市人"。

农村人进城市，城市人进农村——这个双向流动是成立的，也已经发生着。

国家在推进城市化进程的同时，民间的逆城市化进程也同时发生了。

浙西的地方政府还喊出了这样的口号——"养鸡养猪不如养上海人"……上海人的大批量进入浙西农村，使浙西农村发生了翻天覆地的变化。

二是城里的"年青老人"。

六十岁到七十岁，农村人还是"壮劳力"呢，还是农业的主力。

城市人退休了，但他们的体力、脑力、精力都还好，他们越来越不像老年人，他们也厌倦了压马路、逛公园。

他们愿意劳动，也向往田园生活，很多人还有不菲的积蓄。

这个人群数以亿计，是不可估量的巨大劳动力资源。

"解放（这个）生产力"，各级政府要着力重视这个课题。

三是创业的下乡人。

"知识青年上山下乡"——这老话有悲剧的一面，但也可以赋予新的时代意义。

城市的道路很宽阔，但人太多就拥堵了。

"内卷"实质上是人才的浪费。

新农村，新天地，大有可为。

四是回乡创业的年青人。

农家子弟，学有所成，回乡报答故土……这样的年青人越来越多了。

还有很多的打工仔，经验有了，资本也有了，回家再创业轻车熟路。

五是田园梦想家。

前面我们讨论过这个话题，不赘述了。

田园梦想家会是农旅的探险者和领航人。

以上这五个方面的人，我称他们为"新新农民"，他们会给农村带来深刻的历史性的大变局。

这个局势已经显现出来了，各级政府也做了很多有力的引导和推动。

但有一点还需要我们更深入的思考——农旅项目实质上是文化属性，我们政府在决策上要多注重文化生产思维、文化运营模式——这个问题很大很重要，我们后面再专题讨论。

17. 农旅的"三套车"

大数据、云计算……

传统产业进化，不能不借助于新一代信息技术。

对农业来讲，小农经济仍是其表现特征。

突破小农经济的制约，"体制""机制"大问题之外，互联网可说是最好的"利器"。

对于农旅项目，互联网更是让项目能够飞翔的翅膀。

我们的现实情况还是有些令人忧心。

好多的农旅项目，还是"两套车"——农是一套，旅是一套，还没有互联网啥事、啥关系。

农旅的互联网能够做什么？

我们推演一下——假如我们要建设、运营一个"荷花主题农庄"。

我们感觉游客最关心的是什么？

首先，是可信度。

"人无信不立"，道理一样的。

眼见为实，耳听为虚。

荷花主题农庄在游客没到来之前就得让他们"眼见"。

"小视频"游客能眼见荷花的美，"远端摄像"能嗅见到荷花宴的香。

再有，就是游客越来越有"主人公"倾向。

他们特别愿意通过网络发表意见，评判是非……荷花主题农庄听到的意见和建议越多，它的发展也会越强壮。

还有，人对好东西都有占有欲望，大家都对荷花主题农庄有情谊，就会愿意成为能有利益的"新股民"。

这些，互联网都能轻松搞定。

回过头，我们有意识的这么做"互联网"布局，相信这个荷花主题农庄会大不一样。

怎么做到呢？

我有一个建议。

你如果想做农旅项目，就先在网上筹建一个"项目平台"。

这个项目从策划到规划、到设计、到落地……都先于项目的实际进展。

原因是什么呢？

原因是你能听到好多"声音"，你能结交到好多朋友，你能提前（网上）试运行，你口袋紧了，说不定还能筹到资金……

项目招工的时候，率先高薪招"网络专才"，别的都往后靠。

最后的表现是什么呢？

最后，你的农旅项目变成了"三套马车"：

一套网，一套农，一套旅。

18.模仿、被模仿等于死亡

这个话题有些沉重。

我想起了齐白石老人的那句话——似我者俗，学我者死。

这句话并没有敲醒很多人。

我们很多的农旅项目，都是在"跟风"，都是在"模仿"，都是在"拾人牙慧"。

我跟一个做农旅的村庄负责人说过一句更不好听的话："你们

这是集体自杀！"

他问为什么？

我说，二十多家"农家乐"，基本是一个"菜谱"，不就是集体自杀吗？……就像男女找对象一样，谁也不喜欢"千人一面"的人。

我们社会上也存在着的"催人送死"的模式，这个模式有时候还被大力的推广。

你"百度"查查"农旅发展模式"——这样的题目赫然罗列——"农旅六大模式""农旅九大模式"……

我不相信做这种研究的人是坏心，但我知道这种好心的研究成果"被模仿"以后就是送人去死。

谁的责任呢？是研究推广者的责任？还是模仿者的责任？

咱们先不推脱责任，咱们讨论一下为什么会"送死"。

你模仿了别人，你一定没花什么力气和功夫，你就想成功，"人在做，天在看"，这个一定是"天理不容"。

"仿制品"，谁会埋单，谁愿意品尝"味同嚼蜡"的东西？

你模仿了别人，你死的同时，"临死还拉个垫背的"，你还连累了别人。

"模式"就不需要研究了？"经验"就不需要学习了？

也不是，理想的是——别人的创造，对你是一个启发，你在启发之下，再去创造！

19. "创造性"首先来源于"再认识"

我们都知道创造性的宝贵，

我们都会崇拜"开拓者"，

我们都折服于把不可能变成可能的人……

但是，我们很多人并不知道这个创造性真正的来源。

"识来知往"，"事物"的走向大多来自于它的"本来"。

农旅的"本来"是"农"。

那"农"的本来呢?

这个问题就有意思了，很大、很广的，

但，有一个问题又很简单——"农"的本来的本来是什么?

回答——简单——本来的本来，没有"农"!

进化论说人来源于猴子，猴子只吃现成的水果，并不务农。

或许因为大家都吃水果，猴子与猴子之间没啥大的差别……到了"农"之后，人与人的差别才出现，及至后来越来越大、越来越明显。

"农"，哪些"要件"使人发生了差别?

我想主要是三个方面吧——地域环境、食物和食物获取的方式。

这样想开，建立在"农"之上的"旅"如果没有差别，那就是"木无根""水无源"了。

因为任何一个地方，都是不同的"地域环境"，都是不同的"食物"，都是不同的"食物获取的方式"……都是不同的人。

——我们很多的创造性的来源，应该就来自这里。

而反观我们很多的农旅项目，复制来复制去的千人一面，无根无源的，哪能走得远。

20. 急功近利，农旅的大敌

建农旅项目，不能驱离农民！

看到了不少这种"吃奶骂娘"的怪现象——建一个主题农庄，前提是完全让原住民迁移，迁移到别处"另起炉灶"。

一个村子谁是主人？

"原住民"才是。

投资者不是，投资者应该是为"主人"服务的仆人。

仆人驱离主人，罪莫大焉。

为什么驱离农民？原因是农民"有碍观瞻"？民房不够新潮？老百姓卫生习惯不好？

这都不是理由。

深层次的理由是——没有"点石成金"的能力，没有使命感，急功近利。

没有"能力"和"使命感"并不十分可怕，最可怕的是这个"急功近利"。

我们观察一下诸种现象，便会瑟瑟发抖

农旅开始发展以来，盛产了很多"新概念"，什么什么"模式"，什么什么"田园"……

请记住这句话——新概念不是新思维，忽悠新概念，早晚吃大亏。

再者，极力追求"标准化"——总有人坐着定标准，什么"星级标准"，什么"A级标准"……标准来标准去的，最后就是"同质化"，大家都同质化了，大家都一样了，大家都去死。

还有，农村搞什么"城市化""园林化"……我们要缩小的是"城乡差别"，不是搞城乡"景观无差别"，人挤人、人叠人的城市，本就很少宜居城市。

凡此种种，都跟我们国家倡导的"因地制宜""一切从实际出发"背道而驰。

做农旅的人，初心应该是"以农为本"，做不到就会是那个"背道而驰"。

21. "小三农"

农业文化去哪里寻找？

去农业里去寻找！

这不是废话，而是善意提醒。

我们不可将城市公园里的游乐设备搬到田野就开始做农旅了，那是对农业文化的亵渎。

泱泱中华五千年，最丰富、最卓越的就是农业文明，这是农旅取之不尽、用之不竭的宝藏。

没想到的是，我们一些农旅项目不但"重复城市"，还追求所谓的"国外风"。

国外农业文明跟国内农业文明是孙子和爷的辈分，我们本就是爷，怎么还去装"孙子"？

话说的难听了，抱歉。

农业有个"三农"——农业、农民、农村，

农业有"三空间"——庭院、村庄、田野。

农业文化在哪里？

三农和三空间里有很多很多。

更具体的呢？

更具体的我称之为"小三农"——农事、农活、农闲。

农事，就是耕耘和收获的事，里面还有一个"农时"，这个很厉害，典型的就是那个"二十四节气"。

农事、农时决定了我们祖宗们基本的生产生活的节奏和方式，我们"认祖归宗"得从这里"入门"。

农活，就是具体的劳作，过去所谓的"面朝黄土背朝天""一颗汗珠摔八瓣"就是指辛劳的农活。

农活也有痛并快乐的，很多的体现在收获上，现在的采摘就源于此。

农闲，按照农时的农事——农活不多的闲暇时间。

农闲不能真闲啊，大家这时间做的事更具有文化意义。

都做什么呢？有讲故事的，有又说又唱的，有剪纸的，有做酱腌咸菜的，有编箩筐的，有做槽子糕的，有做木工的，有盖房的……

——你如果还找不到农业文化，那你就是餐风露宿、不食人间烟火的神仙。

22. 农旅村庄的"一道两场"

农旅村庄跟普通村庄理应不一样了。

一般的普通村庄是老百姓自己生产生活，

不一般的农旅村庄有"外人"来生产生活。

外人来了，"事儿"就多了，

农旅村庄就得"水来土堰"。

从村庄格局来说，有三个方面要做规划调整，要先行妥切准备好。

这三个方面我们先称之为"一道两场"。

一道——给外人打造一条没有车来车往的人行道。

城市的车多，开车、泊车都挺烦心的，城里人到村庄来了，早上、晚上的田间地头遛遛弯儿，就不能让他们再看到车了。

这条道让他们碰到牛啊、羊啊的挺好啦。

一场——停车场。

我看到这样的景象太多了——一条古朴的街道，停满了各式豪横的汽车。

每每看到都觉得堵得慌，也问过停车的人，他们也说不好，也说煞风景。

我的建议是停车场最好设在村外，别进村。

没有这个条件的，也最好做个集中和遮蔽——把车辆集中起来、用绿篱什么的遮蔽起来。

另一个场——广场。

来农庄的人多是爱清净的，但爱清净并不影响他爱凑热闹。

人毕竟是群居动物，聚群是本能、本性。

村子里得匹配一个广场，不管是嗨舞还是嗨酒，广场上的"热火朝天"会更显得各家小院的清净，大概是"蝉噪林逾静，鸟鸣山更幽"的意思吧。

23. 乡愁，愁不愁卖

一次性餐具不会是乡愁，一只搪瓷碗可能是；

一盒香烟不会是乡愁，一缕炊烟可能是；

一声流行歌曲不会是乡愁，一声叫卖声可能是……

那是不是老旧的东西可能是乡愁、新东西不是?

也不是。

乡愁，不是愁。

它是被触发起的一股"过去的情绪"，可能痛苦也可能幸福，可能欢乐也可能忧愁。

过去的情绪，是生命里掩藏起来的东西，它更亲近土地，亲近庄稼，亲近人。

这个"论断"成立的话，那乡愁不是什么人都有。

比如没有在乡村生活过的人。

比如"90后"。

"90后"就没有乡愁吗?

很难有。

我们可以把他们称之为——"电子世代"。

电子世代只对电子产品有感觉，对土地、对庄稼、对人……没感觉。

这话说的可能极端些了。

但，我们很多的农旅项目也走向了极端。

这些项目认为乡愁是"普世"的，大家都有的，男女老少都有的……做出来的项目都在"老旧"上打转。

我说一句"刺耳"的话——当90后当家的时候，老旧的乡愁就淡了、散了。

这么说，我们很多农旅项目——兔子的尾巴，长不了。

这可能是真的，是要发生的，是历史的必然。

那么农旅项目就不用做了，就没法做了?

当然要做，当然有办法做。

但我们要考量到没有农村生活经历的人，更要考量到这个越来越要当家的 90 后，甚至是 00 后……当他们成为消费主体了，我们的农旅能卖给他们什么？

真没什么卖的？

当然有啊。

"五行"说——土生"金，谁不喜欢金？

24. 田园美丽女人

题目的意思是——田园可以使女人更美丽。

对出游而言，一个家庭的核心人物是孩子。

农旅必须回答孩子的"课题"，这个课题咱们下次讨论。

对男女来说，核心人物当然是女人，她想去哪儿、她想玩啥、她想怎么花钱……她想这些的时候，身份就是女王，男人千万别忤逆，那样没好果子吃。

我们再仔细观察，可以得出这样的"定论"——女人出游是为了臭美（臭，我认为是褒义词——因为臭到极致就是香），男人出游是为了贪嘴。

女人臭美，男人贪嘴……嘿嘿，想想都是很和谐的画面，跟那个"男耕女织"没啥大差别。

回到正题——农旅项目怎么让女人臭美，怎么做到有美可"臭"？

我们在这里先提三个网红人物——一个李子柒，一个杨丽萍，一个李玉刚。

李子柒先是从国外红起来的，她用中国古典美演绎了田园美。

杨丽萍是把自己美轮美奂的舞，蕴含呈现在了自己的家园里面。

李玉刚首先是男人，但他女人的唱功和"做派"比女人还女人，唱歌之余，他还潜心佛学，他做出的院子，既有禅味、又有男人的女人气息，非常特别。

说这三个人物什么用意呢？就是说这个"美"本身没有标准，但到极致上又是相通的，这个相通就是"美"可以美好生活、可以美好心灵、可以美好人生。

说到这儿，也想到了诺贝尔奖获得者李政道的一句话——物理也是，数学也是……研究到最后，都可看得到上帝的面孔。

我们的农旅项目想要看到"上帝的面孔"，得花心思、花气力想女人，想女人的臭美，想女人在项目里怎么有美可"臭"。

具体怎么做？

具体得用手去做、用心去做，嘿嘿！

还是说几个原则吧！

一是，你整个农旅项目就得是"美的化身"。

二是，你的项目要时时刻刻想到女人的照相、照相、照相。

三是，想象中的村姑、想象中的渔家女、想象中的女神……你的项目要把女人"打扮"成她想象中的样子。

25.田园童话、童话田园

"我们的田野，

美丽的田野，

碧绿的河水，

流过无边的稻田，

无边的稻田，好像起伏的海面……"

儿歌里、童谣里、故事里、童话里，有很多"我们的田野，美丽的田野"。

那是存在？那是想象？那是忧伤的美丽？那是美丽的忧伤？

大人们，应该给孩子们打造一片美丽的田野，给他们一个田园童话、童话田园。

这方面，大人们应该有愧疚、有欠债——因为在孩子们的心中，他们的田野很多是辛苦和土气的田野。

贫穷和落后，过去是旧中国的标签……这个标签在农村一直标签着，直到2021年才全民脱贫。

贫穷限制梦想。

比较发达国家，他们为儿童建造的田园，不论数量还是质量，都远远甩过我们。这几年，我们也是刚刚冒出一些头角来。

而冒出的这些，又大多商业气息太重，好多的项目，只把孩子当成"诱捕"的对象，或是把孩子当成钓空大人钱包的食饵。

建项目挣钱"天经地义"，但得有个起码"法则"——挣钱要靠后、再靠后一点儿。

孩子们确实成了小太阳、成了家庭核心，大人们为了孩子不惜血本……这个"效益点"明明摆在那儿。

但，我们要对得住孩子，他们的天真才是天之真。

什么能对应他们的"天真"，我们的农旅怎么对应这个"天真"，怎么对应孩子们的初识、感知、好奇、求知、追索、挑战、冒险……谁能在田园里给他们讲一个童话，谁能给他们建一处童话田园。

我倒想出一个主意来——我们大人如若丧失了天真、丧失了信心，莫不如让孩子做这个田园的主人，让孩子们去想象、去梦想……大人们听说听道地去听从指挥……

或许这真是一个好办法!

26. 农旅与校外三大教育体系

研学旅行,劳动教育,综合实践——这三大校外教育体系是教育界出现的"大变局"。

近几年,国家连续出台政策,全面推进应试教育向素质教育转变——这是新的国策,也是国之大计,整个社会都要"为之所动"。

很多人看到的是新希望,一些人看到的是新商机:

研学热,劳动教育热,综合实践热雏形已显。

看到商机,无可厚非,

匪夷所思的是——非教育机构比教育机构"着急",非教育机构比教育机构更"用力"……一瞬间,各种"基地""营地"应运而生、应声而起。

这个现象说明了什么?

我个人看法——说明了这些人不是为了孩子,而是为了自己。

回到我们的农旅。

农旅当然是校外教育的广阔天地,当然是可大有作为的新天地。

可以这么说——农旅借助的是两股东风——国家战略高度的乡村振兴东风,国家战略高度的教育改革东风。

东风浩荡,动力无穷,生机无限。

农旅,一定要做出农旅的回答。

这个回答,我们好多人并没有想清楚,更少去"专业"地想清楚。

这个还需要"专业"吗?

对，以农旅做校外教育，需要同时通晓教育、通晓农业、通晓旅游……

你想想，这个机构、这个团队、这个主创人得是什么样子的"面孔"？

就在昨天，我跟一位老板说："先负起使命，再去赚钱；先去赚钱，再负使命……最后命运一定不同。"

27.唤醒记忆的美好

按消费权重排位，我把老年人排在了农旅的第三位。

1.孩子，2.女人（中青），3.老年人（男为主），4.小青年，5.中年人。

对于当下的老年人，他们历经了岁月的沧桑，现在享受着岁月的静好。

有一个观点要明确出来，要特别明确出来——老年人的记忆基本都有两个"魔鬼"，一旦被唤醒便挥之不去，一个是心酸的丑陋的魔鬼，一个是快乐的美好的魔鬼。

我们很多的农旅项目，这方面马马虎虎，没有用心思，打造的那个"乡愁"唤醒的多是心酸丑陋的魔鬼，这样的农旅项目不会很受欢迎。

说个实例，有个"农家院"给老年客人准备的筷子是高粱秆做的，我说快快换掉，这不是"创意"，他们使用的时候是满满的饥饿回忆……而饥饿会使好人变坏人。

这个观点我也跟一些投资人沟通过，他们一脸错愕，说："怎么不早说……"我只能说："你也没早问呐。"

农旅项目要更多地唤醒老年人们的美好记忆。

怎么做到？

方法很多了，咱们也说个实例。

有个老词——老汉不提当年勇，这个老词我们大可以反着看——老汉专提当年勇，他提起当年勇来就"老夫聊发少年狂"。

我们建一个麦场，麦场里有成堆的麦子，还有"木扬掀"（把麦子扬起来，借风力去除麦子的杂碎）……我们看看会有多少老年人"赤膊上阵"……

我们真做过这个尝试，很多老年人都乐开了花。

28. 农旅"最浪漫的事"

我们把年青人排在农旅消费权重的第四顺位。

但在电子世代、在自媒体时代，年青人的"声量"最大，这是最不可忽视的"流量力量"。

有声量，才会有流量——这会是农旅项目不得不面对的课题。

青年人喜欢"发声"，但前提条件是得让他们"惊叫"，要不就是逆向的"吐槽"。

农旅项目怎么做到让年青人"惊叫"呢？

这个问题说来就很简单。

年青人最向往的是"最浪漫的事"，里面没有歌曲的那句"陪你慢慢变老"。

最浪漫的事，基本都是超出想象、且可"寄情"的事。

举例说吧。

先说"老的"，

那个"白云深处有人家"，

那个"采菊东篱下"，

那个以"桃花源"……

也可以创制新的：

比如在浪花里飞出欢乐的歌，

比如用玉米建一座金色房子，

比如在花海里骑着老自行车飞奔，

比如躺在干草堆上看日落，

比如在蝴蝶谷做鸳鸯蝴蝶梦，

比如在萤火虫飞来飞去中想过去的事情，

比如在弯弯的小桥看弯弯的小船，

比如西瓜大战、甜瓜大战，

比如看看炊烟、看看帆船。

29. 农旅的休闲

一只猫陪着睡觉，陪着一只猫睡觉。

一只鸟在歌唱，跟着一只鸟哼唱。

一只蜗牛上树，看着一只蜗牛上树。

羊专注地注视着落日，人专注地注视着落日。

狗狗趴在花藤下想心事，人也在花藤下想心事。

一杯茶已经凉了，一炷香已经熄了，一页书老半天也没翻过
去……

日历翻得倒很快，

人到中年，转瞬之间。

中年了，上有老下有小的步履已经蹒跚。

休闲，所谓的休闲，别想的太复杂。

闲——就是闲下来玩玩或是干点儿不费功夫的闲事儿，

休——就是找个清净之处休息休息。

青少年休闲不了，老年人也不用休闲了，休闲的概念，基本是给中年人的"恩惠"。

我们的农旅，应该是中年人休闲的好去处。

再重复重复那两个"要件"——清净之处，干点儿闲事。

农旅项目，不要到处都人来人往。

清净，不是鸟要少、树要少，主要是人要少，所谓的无丝竹之乱耳，无案牍之劳形……

我开过一个严肃的玩笑——酒馆为什么没有"一人间"？我们都是标准双人、四人、八人、十二人……有很多的一个人想自己喝点儿小酒，自己听听门外的雨，自己看看窗口的花影，自己跟自己说说话……你如果做了"一个人的小酒馆"，或是大酒馆里辟出一块"小酒馆"，你是不是就出新了，是不是就爆了冷门……这个冷门的价值是不是一爆千金？

那个闲，也要辩证，人不能真闲，真闲就如朽木了，没有生机的闲没人喜欢。

这方面，别自以为是，要好好听听哪些是中年人的"疲惫不堪"，哪些事能疗愈中年人的"疲惫不堪"。

30. 乡村四宝藏

宝藏，原始意义是——藏着的宝。

它拥有独特的品质和独特的价值。

乡村，有很多宝藏，我认为有"四宗"还在被掩藏着，它们还在那里若有若无地存在，还没有在农旅项目中熠熠闪光。

一是——古树。

一棵古树就是一出历史剧，就是一个图腾，就是一个梦牵魂绕的梦。

很多村庄都有"那一棵树"，跟村庄同生共长，树下人来人往，诉不尽的家短里长。

这棵树跟村民关系很大，怎么跟外人发生关系呢？

人对古树本性中就有神性崇拜，当村庄对"那一棵树"当神一样供奉，外人的尊崇也会油然而生。

二是——大集。

乡村大集，不单单是卖东买西，它也是很多人的"感情投放地"。

我经常听到这样的对话——

"干啥去？"

"赶个闲集。"

很多人赶集就是"看看去"，那里有很多熟人，那里有很多生人，那里有很多传闻，那里有很多"突发事件"……

大集，是乡风民情的集中体现地。

外地人，对大集也有神秘的赶集冲动。

三是——麦场。

麦场一般是公共用地，

有的村庄麦场就一代代地沿用至今。

叫麦场，不单单是麦子脱粒、晾晒的场地，秋天的谷子、高粱啥的也都续用。

对于村民，麦场不仅是收晒粮食的场所，也是他们展现"把式"和"能耐"的擂台。

收获的时候，大家难得都在一起干活，谁谁谁把式厉害、手段高妙，谁就会"喝喊"、谁就被"高抬"，谁扬场最牛，谁堆草垛最正道，谁鞭子抽的最响，谁一只手抓起一麻袋粮食……乡村的欢乐就属麦场。

四是——乡土音乐。

有几种音乐"乐器"走不进音乐殿堂，但在农村却代代回荡。

秫秸笛、苇笛、柳哨、叶笛……在小河边、在里弄深处、在庄稼地里……回旋，回响，回荡……

找不到"师承"，找不到"乐谱"，找不到"流派"……但那种更贴近庄稼人的声响就在庄稼人的心里流淌……

我们发展农旅项目，要积极地挖掘和利用这些宝藏。

31. 农作物的另一个模样

做农旅了，农作物不能再是农作物，而应是"旅游担当"。

我们必须在这方面"费尽心思"。

怎么做到呢？就是要改造农作物成另一个模样。

我归结成了"三个呈现"——景观呈现，文化呈现，产品呈现。

举例说明吧，比如柿子树：

景观呈现——秋后，斑斓的柿子树叶；初雪，红彤彤的柿子。

文化呈现——柿子树的历史文化、传说故事。

产品呈现——更强调柿子的衍生产品、高附加值产品，比如用柿子做"柿染"——这是一个非常另类的扎染方式，呈现出的色彩也非常另类，很受文青们追捧。

再比如稻谷，说稻谷我们不再重复上面的三段论。

咱们概述一个过程：

从插秧开始，就引导孩子们做插秧体验。

栽不同品种、不同颜色的稻子，形成"大地景观"。

实施"稻养模式"，稻田里养殖鲫鱼、鲤鱼，养殖泥鳅，养殖河蟹……混养的这些物类，可以让游客进行捕钓体验，可以形成"地理标志性产品"，可以做成品牌菜肴，做成各式伴手礼……还可以以之招引来鹭鸶，形成唯美画面——西塞山前白鹭飞，桃花流水鳜鱼肥。青箬笠，绿蓑衣，斜风细雨不须归。

稻子成熟了，举办"稻谷节"。

稻田里扭秧歌，

尝第一锅新米，

做稻草人游园，

做草垛乐园……

——这样子，这片稻田不再仅仅是一片稻田，而是游人们、孩子们梦想中的另一个模样。

32. 村庄的文脉

村庄有文化吗？

有，没有，不同的人有不同的回答。

一把大笤帚是什么？

是大笤帚……也可能是文化产品，也可能是艺术作品。

这种"可能性"宝贵得很，它可以使普通的村庄变成我们农旅的村庄。

农旅的村庄，更多是文化的表现。

我们前面提过这个话题——文化思维是农旅村庄的第一思维，政治思维、经济思维都要让位于它。

一个村庄一定有它独有的民俗。

民俗，原本意义是人民的风俗习惯，它还不能直接称之为民俗文化。

民俗文化是民俗的文化再提升之后的文化表现。

按这个思维，民间艺术也不是"艺术"，它首先是"手艺"，手艺再进行艺术再提升才称之为民间艺术。

我们费劲地理这个头绪，主要是要理清农旅村庄的文脉，这个文脉清楚了，各种好效果就自然呈现出来。

首先是能破解"同质化"，文脉不同，风格自然有特色。

我们现在的"复制和抄袭"，更深的根源是没有尊重文脉的根、没有生发好文脉的根。

其次是促进村庄的平衡发展，很多的村庄，文化的比重太小，经济的比重太大，精神文明、物质文明不平衡的发展……农旅的村庄要典范性地解决这个问题。

最后是提升农民的审美力。

有观点认为——审美力是民族最终的竞争力。

我赞成这个观点。

经济的、军事的、政治的、文化的……竞争来竞争去……到最后就是审美力的高低区别，就是审美力的层次差别。

坦白讲，审美力离我们现实的农村、农民还比较陌生和疏远，我们的农旅，要回答好这个课题，要肩负起这个使命。

33. 农旅的创客

一个年青人发现——鸡最爱吃虫子，下的蛋营养又健康。

于是他开始研究怎么养虫子，研究明白了就开始养虫子……就开始喂鸡、养鸡……鸡蛋供不应求。

一个年青人发现——鸡吃香椿叶下的蛋口味很特殊，经科学验证营养又健康。

于是他开始采香椿叶、晒香椿叶、碾磨香椿叶……用香椿叶喂鸡……鸡下有香椿氤氲的鸡蛋……鸡蛋供不应求。

一个年青人，尝试了尝试用虾酱腌制鸡蛋，口味独特，营养又健康……他开始用虾酱腌制鸡蛋……鸡蛋供不应求。

创意、创新、创造、创业……年青的创客们创意无限。

农旅呼唤年青人，更呼唤年青的创客们。

我们前面提到过"田园梦想家"，他们的"底色"是田园情怀。

我们这里的农旅创客，特别指向借农旅为平台进行创业的年青人。

农村的落后更窘迫的是观念的落后，年复一年日复一日的耕作，使很多人忘掉了创意的新鲜，忘掉了新鲜的旺盛生命力，忘掉了旺盛生命力才是人类生生不息的源泉。

我也喜欢老村子、老房子，但我也喜欢"新田园风"。

我也喜欢旧时光、旧场景，但我也喜欢"新田园梦"。

我也喜欢慢生活、慢节奏，但我也喜欢"快乐田园"，在那里，在希望的田野上，孩子们快乐地放声歌唱……

我们的农旅项目，应该是创客们的大平台，他们可以实现发财梦、可以邂逅鲜花和掌声、可以收获知己和爱情，更可以是他们的"农旅人生"。

34. 农旅的"诚实"

一个人不诚实，有谁会信任他？有谁会喜欢他呢？

这个话题的回答应该没有意外。

但意外的是——农旅中的"不诚实"却比比皆是，且越演越烈。

我去过一个农旅村庄，每家每户的门楼都是一个模样。

我问——每家为什么要建一模一样的门楼？

得到的回答是——整齐，好看。

我还问——为什么要仿灰砖瓷砖？

得到的回答是——灰砖价格贵。

我还问——为什么要用假青瓦？

得到的回答是——真的不如假的耐用……

我最后问——过来的游客喜欢这些"替身"吗？

得到的回答是——没去想这个问题……

中午在一个农家院吃饭。

我憋不住又问——为什么挂的都是假辣椒、假玉米、假大蒜?

得到的回答是——好多人看不出来……

我说我给你出个主意吧——你把餐厅天花板挂着的假绿萝换下来，天花板满满地悬挂真玉米……你再把墙壁上的旧报纸换下来，换上去皮的粗秆芦苇……

他说他愿意试试。

我说过一个观点——企业不能追求利益最大化，企业要追求利益合理化。

——这个观点没少被有些投资人笑话

但我深信——这个最大化就是个大魔鬼，它让好多的"诚实"都不诚实了……

我们的农旅项目都在农村，淳朴善良应该是农村的"标签"……当游客们看到的都是假的、虚的……会不会毁掉他们对淳朴善良的向往?

35. 芝麻开门

"芝麻荚，节节高，
里面住满白宝宝。
白宝宝，长大了，
挤开门缝往外瞧。
嘎叭响，门开了，

宝宝抢着往外跑"……

我对芝麻的最初记忆是——"好不痛苦"。

小时候，偷芝麻是个不小的挑战，"技术含量"也比较高。

芝麻是没完全成熟的时候收割，暴晒几个日头就抖搂粒儿，期间生产队里有人专门看管，看管家鸡和野鸟，尤其是要看管我们这些半大孩子。

下手的时机一般选在晌午，找个隐蔽的地方等看着芝麻的人打瞌睡……

蹑手蹑脚是必须的，为了减少声响，必须得光着脚。

芝麻捆都是四五个斜靠在一起，得轻轻拿起来，往铺在地上的衣服上控……

记得我也失过手，被看芝麻的一脚踢得老高……

比起芝麻的喷喷香，那一脚也不算什么……

芝麻对农村的孩子是"故事里的事"，是天堂里的"美食"，好比一滴香油就能"温暖"大半天……

城市的孩子对芝麻呢？除了吃食以外，应该基本无感。

说到我们的农旅，我们的文化打造要更多地考量城市人，城市里也确实有很多人有农村经历，但不要太过倾斜。

有些我们觉得是"田园诗"，但不被欣赏就是白搭功夫，就是浪费感情。

比如我可以津津有味地唱芝麻的童谣，津津有味地讲偷芝麻的故事，但没有多少城市人会津津有味地听。

那他们喜欢芝麻什么？

这得先去问问城市人。

芝麻开花节节高，他们很感兴趣；

传统的"小磨香油"，他们很感兴趣；

用香油制作美味糕点，他们很感兴趣；

吃芝麻酱很感兴趣；

喝芝麻糊很感兴趣；

芝麻养生很感兴趣；

芝麻护肤美容、减肥瘦身很感兴趣；

芝麻提取香料很感兴趣；

芝麻羹、芝麻菜、芝麻汤……很感兴趣……

我们的农旅项目，要找到这些个城市人感兴趣的点，再去提炼、提升……再上升到吸引人的高度。

简单说，就是要找到城市人对"农"的欲望和需求，再把这个欲望和需求变成实实在在的消费。

回头还说芝麻，我们把上面的"很感兴趣"都做到位了，那个芝麻，就"开门"了。

小院不小

1. 小院不小（1）

一个小院，四周都用高墙圈起来，小院就真的很小了。

而这恰恰就是我们传统的做法，尤其是北方，北方的代表——"四合院"。

我们不讨论四合院的好与坏，

我们先辩证一下。

小院小，人感觉到小院小了，心里就憋闷的慌。

小院不小，甚至院小天地大，人才会心里畅快。

所以我要说，我们的院子如果也要有个好坏标准，我认为就是——小院小就不好，小院大就好。

这个大与小，就是低与高，就是坏与好。

"愿得好风常款款，不妨流水自潺潺。"

院子，不要用高墙圈起来。

这个是要紧的要点。

2. 小院不小（2）

说这段话之前，先"编造"一个概念——

"共性的个性化呈现"。

什么意思呢？

如果你的院子就是自己享用，就没有这个问题，你大可以随心所欲。

　　我们这个"小院系列"是说打造院子给客人享用，那首先就得考量"共性"问题。

　　但共性考量多了，就雷同；雷同了，就单调；单调了，就无味；无味了，就没人埋单。

　　既要考量共性，又要有个性——这个又怎么理解呢？

　　打个比喻吧，

　　小院里养鸡，这是可以的，也是可以的共性。

　　养鸡一般是圈养或散养，

　　不一般的呢？

　　可以在树上养啊！

　　院里有棵适宜的高树，

　　喂食、下蛋啥的鸡就飞下来，

　　睡觉、打鸣啥的鸡就在树上。

　　这样，个性就出来了吧！并且，平生出一道风景线。

　　声明一下，这个模式不仅仅是想象，它是完全可行的。

　　再比如，

　　院子里栽荷花，

　　一般我们都是栽到低洼处，我们都是俯视荷花。

　　但是我们可以平视它呀，比如栽到堆砌抬高的器皿里。

　　甚至我们可以仰视它，比如栽到墙头上。

　　可以这么说吧，改变的东西，一般就是"共性的个性化呈现"。

3. 小院不小（3）

院子最初是防范坏人和野兽的。

高墙、篱笆什么的功用性很强。

以后又填充了生产生活的功用，有些小院就变大了。

到有了"文化人"以后，庭院就有了一些讲究。及至后来，"叠床架屋"，说道越来越多。

有一个说法影响很大，

说院子要"天人合一"，要"阴阳合德"。

随之也有了"堪舆"、有了"风水"。

因为院子从属于房屋，所以房屋为阳为实，院子为阴为虚。

这个说法其实很好的，只是被别有用心的人演绎的离了谱。

后来还有个"耕读传家"，这个也成了世代风潮，基本上涵盖了农耕文明的人的物质和精神两个世界。

……我们理顺一下院子的脉络，会更清楚的明确做为当今"客栈"性质的民宿的来龙去脉。

所谓的鉴古知今吧，这个话题很大，就简单聊这么多。

4. 小院不小（4）

院落发展脉络虽历经数千年，但并不复杂。

它受两个主要方面的影响，

一是经济基础，

二是传承习惯。

这里，我们可以从院落组成部分的权重比例来分析。

我们以北方院落举例。

院落的组成基本三大块加三小块。

三大块是居室、厅堂、院子，

三小块是餐厅、厕所、书房。

过去三大块厅堂最重，居室次之，院子居末。

三小块是书房第一（有钱人家），餐厅第二，厕所居末。

现在三大块的权重顺序是院子一，厅堂二，居室三。

三小块权重顺序是厕所一，餐厅二，书房三。

这些里边有很深刻的社会和人性变化规律。

比如，过去很多人家厅堂和居室一体共用，现在人们更在乎私密性，不会轻易让人进到居室里面。

过去，厕所都是在院子里，现在厕所大都进位到房子里。

过去，院子基本是服务于生产生活，

现在越来越着重在美好的享受。

凡此种种，都需要我们好好思考，

因为把握好方向，才会走在正确的路上。

5. 小院不小（5）

自然，自然中生，自然中殁，自自然然。

如果不在自然中生灭，那就是自然的梗。

梗，埂，哽，鲠……如鲠在喉，不自然就不舒服。

院子，原本是很自然的，

石块、树木、茅草……自然中来去。

工业革命以后，院子就不自然了，钢筋、水泥、涂料……人也跟自然隔了一层皮。

以此，人生出了万万不应该有的"优越感"，人慢慢感觉可以凌驾自然之上，可以役使万物……

可以这么说，人的万恶之源就是认为自己可以凌驾大自然了。

看趋势，这种趋势还是越发严重。

严重会到什么程度呢？

不可知！

说小院，把话题说大了，或是太大了。

但这一点很重要，

院子不要成为人割裂自然的牢狱，而是要成为人亲近和融入自然的居所。

……那时的人，才会是自然的人，自然的人才会同万物共生，万物共生才会万载共永。

6. 小院不小（6）

好多人信风水，风水好不好怎么断定呢？

我说个简便的方法：

风水好，生灵生；风水不好，生灵凋零。

院子很多流行的风水讲究，都走偏了些，只注重皮毛，没有抓到核心。

一个院子，高墙深院，风都刮不进去、雨都淋不着，何谈风水。

我主张一个院子起码有一面不能是实墙，就是这个缘由。

在北方，好风南来（包括东南、西南），南面墙应该"虚"设，让风进来。

风雨来，生灵来；生灵安，人则安。

这个，大家可以牢记！

一个院子如果前檐有燕子窝，后檐有麻雀巢，树上有喜鹊，花下有蝴蝶，水边有蜻蜓……那就是"生灵生"，"生灵生"则"人丁荣"。

这个怎么做到呢？

后面咱们细说。

7. 小院不小（7）

"燕子不住愁人家""喜鹊报喜""家雀看家"……

自古，人们就将院子有鸟雀看成吉祥、吉利。

大家也为了让鸟雀在自己家"安家"颇费了心思。

记得小时候，家里的过堂屋有燕子巢，母亲都是很早就开开门让燕子出去，那扇门到天黑燕子归巢了才会关上……由春到秋，日复一日。

鸟雀能在院子安家，其实并不神奇。

这么几个条件，满足了，鸟雀就以你家为它家了。

首先是爱，这个字是有感应的，这个比较玄妙——你爱鸟，鸟知晓。

别问我为什么。

"子非鱼，安知鱼之乐？"

"子非我，安知我不知鱼之乐？"

再，有巢可居，

这个巢可以是鸟雀自己搭建的，也可以我们动手给它们搭建。

再，有枝可依，

树是鸟雀的依傍，缺少不得。

再，有食可食，

这个食物可以是谷黍，可以是飞蛾爬虫。

再，有水可饮，

尤其是清新的、流动的水更佳。

做到了这些，

你的院子就可以鸟徘徊、雀翩翩了。

同理，如果想让院子里有美丽的蝴蝶，有精灵一样的蜻蜓，有唱歌的蝉，有弹琴的蟋蟀……只要你尽心尽力，都可实现。

8. 小院不小（8）

"晚风庭院落梅初，淡云来往月疏疏。"

说的是庭院梅花。

"奕奕幽兰傍砌栽，紫茎绿叶向春开。晚晴庭院微风发，忽送清香度竹来。"

说的是庭院兰花。

"风回小院庭芜绿，柳眼春相续。凭阑半日独无言，依旧竹声新月似当年。"

说的是庭院竹子。

"吾家颇有东篱菊，归去秋风耐岁寒。"

说的是庭院菊花。

梅兰竹菊，君子爱之，植于庭院，朝暮思之。

自古，文人们就很在意自己的庭院，他们的用心和用情深刻影响了中国民居的院落文化。

人各有志，人各有异。

庭院文化的多样性丰富了人们的生活，人们各异的生活也丰富了文化的多样性。

"〔弘景〕特爱松风，庭院皆植松。每闻其响，欣然为乐。"

一人一物恒是爱，

一草一木总关情。

9. 小院不小（9）

乡愁。

先是"乡"，乡土故园，尤其是"老家"的意向更重。

那个"愁"，不是"发愁"，而是一股深深的眷恋，一抹淡淡的忧伤。

乡愁，是一种情感、情绪，更多是精神性的东西。

现在，我们好多时候把它弄走形了，变成了很多物质性的东西。

很多民宿也走到这个"怪圈"里头。

有一个民宿品牌叫什么"寒舍"，

问我有什么意见和建议。

我说："你的民宿不适合人住。"

他说："有那么严重吗？"

我说："不管是夜睡还是午睡，你都打盹磕头了，但那个应该睡觉的地方你睡不着觉，你被屋子里七零八落的"乡愁"摆设刺激了，你翻来覆去……你会喜欢一个想睡觉却睡不着的屋子吗？

"而现在这"不正常"反倒成了时髦和流行，你说问题大不大？"

民宿，不要是老物件堆砌，

而是要提炼出那个情绪。

我说过这么一句话

——什么是好的"卧室"？

让你睡觉香的的卧室才是好的卧室，

而不是那些个文文化化。

嘿嘿，文文化化，

又新造了一个词。

那文化不重要吗？

当然重要，

你在茶室打造茶文化，你在书房打造笔墨文化，你在院子里打造乡愁文化……但不要非得在卧室打造那个乡愁。

10. 小院不小（10）

文人的院子一般就有文人的味道。

那百姓的院子呢？

百姓的院子发生了和正在发生着剧烈的变化，那个"味道"表现也"乱花渐欲迷人眼"。

百姓的院子种花，现在还是小比率，但正在日渐蔓延开来。

这是一个变化，一个大变化，一个历史性的大变化。

为什么这么说呢？

因为从这种现象可以看出老百姓越来越注重了"精神世界的建设"。

而过去，多的是物质性的。

院子里种粮食、养鸡、养猪、堆柴草……院子更多承载着温饱功能，人与之对峙的心态自然还是汗水和辛劳。

院子里养花了，人与之对应的心态则是美的追求和享受。

可以说这么一句话——

如果我们的农村，我们的农村院子里都自觉自愿种花了，那么可以说我们的农村才是划时代或跨时代了。

院子里开始种花。

盼望着更快的蔚然成风、蔚为大观！

11. 小院不小（11）

按前面的"理论"，在院子里种菜算精神性的还是物质性的？

能不能"妥协"成精神性和物质性的"统一"？

这个问题我的回答是——

小院种菜，小小院子里有超过30种菜就是精神性的；就那三两种就是物质性的。

小院种菜，主要是给人欣赏，就是精神性的；主要是给人吃，就是物质性的。

说的话很绕了。

其实，明白成一句话，就是做为民宿的院子，种菜要以欣赏为主，主要是怎么好看，而不是好吃。

我们很多的院子还没有走出原来的习惯，韭菜、白菜、西红柿……成畦成垄的，这些不是"不美"，而是"不唯美"。

不唯美了，在客人的审美上就打了折扣，就出了瑕疵。

院子里种菜，也确实会"招人喜欢"，因为菜本身就跟人"亲近"。

当我们把这"亲近"更升华一步，你的种菜的小院可能会比种花更出彩。

12. 小院不小（12）

"春饮芦根水，

夏喝绿豆汤。"

"情弛乡野阔，

心定菜根香。"

这几句押韵的句子，是想强调旅游物质性要和精神性统一。

最近有人问我——民宿难做的问题在哪儿？

我说——

民宿刚起步没几年就滥了，

原因是大家都是注重了民宿的物质性。

比如建筑、装修、摆设、挂饰……

物质的就那么些"套路"，

弄来弄去就滥了，

而精神的大家还都不清楚。

做民宿的人都迷迷糊糊，哪能做出清楚的东西。

什么是精神的？

如果民宿是"田园梦想"，

田园就是物质的，梦想就是精神的。

我们的尴尬就在这里——好多民宿是"睡觉"的地方，不是"做梦"的地方。

13. 小院不小（13）

神仙鬼怪，还没有人能证明"有"，也没有人能证明"无"。

人的认识随认识能力的变化而不断变化，什么都不要"定性"，也不能"定性"。

比如，过去有地心说，然后有日心说，然后有银河说，然后有宇宙说，然后有平行宇宙说……

每一个阶段都很漫长，每个阶段也都很短暂……

说小院怎么扯这么远？

因为，我们的院落被一种有形又无形的传统观念重压着，活泼不起来，生动不起来。

院子的建造民间有很多讲究，这些讲究离神仙鬼怪很近，离大自然很远。

这就是很多院子不灵动的根源。

我的意思是神仙鬼怪不是不要了，神仙鬼怪要的是与时俱进。

怎么做到？

有一句话最管用，

那就是"道法自然"。

人有人道，鬼有鬼道，

但都在自然的大道之内。

院子自自然然，

人与神仙鬼怪就默契相安了。

14. 小院不小（14）

我有个小院"建材六要"称谓。

这个"要"，有两层意思，一是很重要，二是要这样。

这个"建材六要"是——砖、瓦、石、草、木、灰。

当然，这些都是"传统建材"。

民宿小院为什么要"抵制"现代建材？

简单回答就是现代建材不透气，不透气则不接地气。

这个"不接地气"就很严重了，只是我们还没有意识到或是认识到这个严重性。

人是个离不开土地的生命体。

而现代建材越来越让人离开了土地。

打个比方吧！

树木跟人一样也是生命体，树木离开土地就会灭亡，这一点人都认识到了。

而反诸于人，人就"混沌"了。

"城市化"，很多人被"束之高阁"，连走的路也没有了"土"，科学已经认识到，人的好多莫名疾病因此而生，人还像温水里的青蛙一样"混沌"。

做为人向往的民宿小院，"接地气"应该是最基本的要义。

15. 小院不小（15）

特色小院或是说小院的特色怎么打造？

有一个原则是通用的——

个性中有共性，共性中有个性。

我们的农村有个"共性"，一个村子，房子风格大体一致，差别很弱的，个性不怎么突出。有一段时间，做"新农村建设"，房子更是一个模子刻出来的。你若是想找哪家，只能问——你们家从东数是第几家啊？

国外有的地域是走向了另一个极端。

比如新西兰，不管钱多钱少，都是先花大钱做规划设计，首要要求是——不要重复其他任何现有房子。

结果是一个村落，每家每户都不一样，个性非常突出。

个性突出的结果呢？

就是违和、别扭。

民宿院子的个性、共性最好是平衡。

怎么平衡？

道理却很简单——

首先是考虑民宿院子的自然环境，这是一个前提。

林间小筑要有林木流风，

山居要有大山余韵，

水上人家要有水的灵动，

海岸私墅要有海的风情。

如果没有尊重环境，就会被环境所不容。

再者，当地的历史文化底蕴也是要着重考量的事情。

世事流传，能够流传下来的事情总是宝贵的事情。

16. 小院不小（16）

小院里究竟做什么好？放什么好？

做为个人的小院，完全可以兴之所至，随心所欲，自己感觉好就是好。

作为商品的民俗小院，就得考虑咱们前面说的"共性"问题了，得大家都觉得好才好。

什么是大家都觉得好的东西？

这个问题是大问题，大问题只有"追本溯源"才能找到答案。

那就要首先考虑什么是大家"从小到大"都喜欢的东西，这个问题想出来了，男女老少就都有了"照顾"。

我总结过旅游的"六元"，它们是——水、鱼、沙、树、鸟、花。

这"六元"是旅游的基本"元件"，是旅游资源的基本"元素"，也是旅游生命的基本"元气"。

我们要深刻思考——这"六元"我们从小到大为什么那么"爱"它？

这个问题更大，咱们以后慢慢讨论。

但认识到这个问题，就是我们很大的收获了。

旅游的"六元"，都是可以用来打造院子的，因为民宿小院其根本属性也是旅游性质。

那么，民宿小院放什么，问题的答案基本就确立了，就是这个"六元——水、鱼、沙、树、鸟、花。

17. 小院不小（17）

景区有一个讲究，说其"无水不媚"。

院子应该也有个讲究，我们可以称其为"无水不灵"，这个灵不是神灵的灵，更多是倾向灵动的灵。

传统文化中，水主财，过去好多大户人家很讲究的。

但因为"技术"问题，大多是"死水一潭"，死水旺不了人丁，也旺不了院宅，有还莫如无。

水有水性，因质而生；

水有水型，因形而成。

院子里的水，先要尊性，再之塑形。

我们还要很注意水的"伴生"，运用好了，水可以使伴生生动，伴生也可以使水更加澄明。

水声，水之声，可以让人安静，可以让人心凝，人心凝的时候，才能更"深刻"。

时下，水声在小院的运用才刚刚破题。

就是说还是一个新课题。

水的滴答，水的流动，水的律动……

这些做好了，小院就真的会有灵动、会有灵性。

18. 小院不小（18）

"鸿雁长飞光不度，

鱼龙潜跃水成文。

昨夜闲潭梦落花，

可怜春半不还家"。

自古以来，我们的意识里鱼不仅仅是鱼。

它是"鱼龙变化"，它是"年年有鱼"，它是"鲤鱼跃龙门"。

说鱼陪伴人类走过了几千年，也可以说是人陪伴鱼走过了几千年。

我认为，民宿小院最高境界是两个"安顿"。

一个安顿是羁旅之身，一个安顿是无涯之心。

鱼，在两个安顿里有着特殊身份，可扮演特殊的角色。

小院有鱼，小院就有精神。

有一个难堪的问题在这里提一下。

我们有些人在小院养鱼，不去考虑鱼的繁育，这是不好的，也不"吉利"。

让鱼"生儿育女"，让鱼"颐养天年"，小院才会"天机契合"。

19. 小院不小（19）

什么能让孩子玩上大半天不动窝？

一堆沙子。

什么能让大人们思考起来？

一片沙子。

什么能让人亢奋起来？

沙子。

什么能让人沉静下来？

沙子。

有个传说，说是有位老人很厉害，专治焦虑症，被治愈者无数，且老人不收一分钱。为什么呢？

老人说因为没有多少成本。老人的方子很简单，就是有一盆沙子，要求患者捧起来再从指缝慢慢慢慢滑落……轻症患者一小盆，重症患者一大盆……疗效立见，"皆谓之神"。

沙子，普通得很，但也神奇得很，还可以美得很。

庭院中沙子元素的运用，是近期才发轫的，但趋势看好。

一般庭院沙子的运用有四个方式：

一是作为点景、衬景用；

二是做成沙坑、沙堆供孩子玩耍；

三是艺术性的做成沙雕、沙艺；

四是做成开展特别活动的场地。

20. 小院不小（20）

小时候，后院有棵老柳树，柳树下有口老井。

一年中，很多时间我都是在树上，在树上吹柳笛，在树上套蝉，在树上捅马蜂窝，在树上睡午觉……

睡午觉的地方是经过"规划建设"的，在树杈间用树枝搭出可以躺着的"床"，睡的时候也得用柳条做个捆绑，以防"打把式"。

同村里也有很多人做此类事，不管是大人还是孩子。

上学后我明白了，人的最老的祖宗是猴子，人对于树的亲近、依恋是本性的、是天生的，以至于人们最初也是用树做房屋，院子里也喜欢种上树。

人跟树的渊源太深了，这种情结可以说是个"死结"。

作为民宿的小院，树也是必需品。

庭院里植树，民间延传着很多讲究，这些讲究很多是要尊重的，不管有没有道理，不忤逆"讲究"就少很多不必要的纠结。

今天我要说的是我的提醒，仅供参考吧！

第一，要适宜大群落的格调，比如，一个村子都栽香椿树，你的小院也要栽，这样，村子的特色出来了，就能出大名声，比如葡萄沟的葡萄、大龙王庙的香椿……都是很好的民俗村，只不过差了一些葡萄、香椿的文化营造。

第二，院子里不要栽大树，尤其是前院，不论那个树多么"吉祥"，都不如阳光和清风吉祥——这一点要相信，我不打妄语。

第三，最好有孩子们能爬树的树，这个功德无量——因为人丢失了本性就丢失了灵魂，——这句话也算是我的名言吧，敬请谨记。

第四，当然有大树、老树好，但这些要安排在街上或是广院、后院。

第五，不要跟风栽法桐、美国红槭树等等，那些树鸟雀、鸣蝉都不栖息，问题很不少很不好。

21. 小院不小（21）

有一个村，自祖宗传下一个规矩，收秋的时候，地里留几垄带果实的庄稼——给过往的鸟雀们吃食。

有一个人，自祖宗传下一个规矩：

墙头上放两个碗，

一碗盛清水，一碗盛谷黍，给过往的鸟雀吃食。

——这个是我的想象，

也是我的梦想。

我想打造这么一个小村子：

村子家家户户墙头上都有两只碗，

一只碗盛清水，一只碗盛谷黍；

收秋的时候，每块地上都留存着几垄有果实的庄稼……

打造民宿小院，我们很多时候总是喜欢找寻那个"标新立异"，

而很多的标新立异又跟自然违和。

我们很多时候就是陷入那个怪圈里，

鸟雀们很自然，不自然的是人，

所以鸟雀们远离着人。

人的标新立异应该就是不让鸟雀们远离我们。

那时候的我们，才是自然的一部分，

而现在的我们，却是破坏自然的那部分。

22. 小院不小（22）

小院有花，没有人说不好、说不喜欢吗？

回答是——可能没有。

且慢，听我叙述一番，你再回答。

怎么叙述呢？我们先试着回答一个问题。

"满园春色关不住，一枝红杏出墙来。"

你喜欢前一句呢还是后一句？

你可以有你自己的理由，而那个"一枝红杏"确实抵得过甚至胜得过那个"满园春色"。

为什么？

满园春色是现实主义的，一枝红杏是浪漫主义的。

一般现实的"美"不过浪漫的——

这就是问题的根本。

我们好多花园、好多花院做的都太现实，也就是说是现实的美，不是浪漫的美；是"镜头"的美，不是"花境"的美。

对，这个词呼之欲出了。

就是——"花境"。

怎么理解？

有一句老歌——"花的心藏在蕊中"，我们得找到那个"花心"——花的诉说，花的絮语，花的暗示，花的启示……

那时候，

小院的"花景"才会成为"花境"。

具体怎么做？

用"花心"去做，嘿嘿！

23. 小院不小（23）

有人问我——你的"庭院六元"为什么没有石头呢？很多庭院的创制者都喜欢用石头啊。

我简单回答说——在庭院里，石头不好驾驭。

今天咱们细致地说说。

石头，是宇宙初始阶段天体形成的基本形态，这是科学说的。

它蕴含着宇宙的基本信息。

人呢，区区数万年，想洞悉或驾驭这个地球最老，有四十五亿年的石头，我想一定会头痛的。

庭院用石，民间有很多讲究，中国风水南北十八派，在"理气"上有很多相通的，但在宅院用石上那真是各拿各的号，各吹各的调。

没有统一性的东西，就很难一统。

所以，我的主张是——慎用石头！

但我不否认石头的美好，更不拒绝使用。

这里，我说一下我的庭院用石规则——

一、石头是冷的、硬的，用的时候一定要用温暖的、柔软的与之搭配，使之达到一个新平衡，比如"木石""水石"等等。

二、孤而不独，独而不孤——这个原则要把握好，孤独的一块石头对于小院是个压制。

三、"石怪至美"，这是人审美的盲区，大家以怪石为美，这在山上或是广庭大院可以的，但在小院，慎用，尤其是日暮或深夜，都是人难以对峙的心悸。

四、老器皿类的石头慎用，那些个老石头曾陪伴过先人们的生活、生命，不迷信说也有先人们的影子，我们后人需要尊重。

24. 小院不小（24）

青瓦，不该在现实世界消失。

"接以青瓦屋，承之白沙台。朝昏有风月，燥湿无尘埃。"

能引发"诗意"的才会宜人。

——这是我编造的标准。

钢筋水泥很难引发诗意，宜人性能就低下。

还有那个"三钢"（彩钢、玻璃钢、不锈钢），

它们更是让人心燥心烦。

在民宿体系，应该坚决绝缘。

可惜的是，

我们满眼看到的都是这些物象。

这个问题是问题，

诗意的生活就有问题。

25. 小院不小（25）

小院不"小"，怎么做到呢？

用一句话概括："一半世界一半家"。

有一句酒话，也有类似意味——"壶里乾坤大，杯中日月长"，只不过这句话太强调内在感受了。

作为实体小院，小中见大是必过的关隘。

"百尺为形，千尺为势"，小院成形成势不容易，这就需要"以小博大"，甚至"以弱胜强"。

在技术上，有一个手法叫"尺度幻觉"。

就是实际小，但看起来大，想起来更大。

我们做个"实证"。

我们在前院栽一棵树干高十五米以上的香椿树，因为树干高，树荫落到了房顶，院子、房子还是亮堂堂……那样子，人看树的时候得可劲儿仰着头，人就会感觉空间扩大了很多。

小院不小的另一个手法是"巧借天光"。

世间有大美，最大的美就是日月星辰、风霜雪雨。

小院里要能淋到春天的细雨，能晒到冬天的太阳，晚上能看到"月上柳梢头"，早上鸟雀飞上飞下飞来飞去……小院跟大自然合为一体了，小院自然就大了……这里面有很多技术性的东西，不再细说。

小院不小还有另一个手法，就是现在流行的那个词——"沉浸"。

当一个人沉浸到了小院的故事里，沉浸到了小院的人情里，沉浸到小院的茶香里……那个时光悠悠，也会让小院变大。

当下，有一个很不好的现象，就是有人在小院里建大体量的建筑，我看过很多个小院里建有亭子，亭台楼榭有它们的美，但它们更适宜大的庭园，而不是小的庭院。

26. 小院不小（26）

商品很少有人情味，

民宿小院时下也很少有人情味。

看似文艺范，实则空壳子。

没有人情味，客人就不领情，这样的民俗小院很难长久存续。

什么是小院的人情味？

就是——"心安处即是家"。

客人的心安，主要来自对小院主人的信任。这个信任，主要是主人要有诚信。这个诚信，主要是主人要有爱心。

人情冷暖，各自心知。有温度的小院，客人一进门就能感受得到。

小院怎么做到有人情味？

我说个我的范例。

小院里有一架葡萄，葡萄下有一副躺椅……

这样有人情味了吗？

应该有了吧？

还没有，起码还没有那个浓浓的人情味。

你在葡萄架下，再挂一把蒲扇……

你是不是很感动了？

对，那把蒲扇更暖心，更有人情味。

这个是什么道理？

就是"爱心道理"，虽然它有些技巧性。

刚说的是细节处理，

其实，民宿的人情味更多地体现在各种平等交流上。

有了交流，才会有心与心的碰撞。

有了碰撞，才会有人与人的人情。

27. 小院不小（27）

艺术对于小院有其必要吗？

可有可无吧。

为什么这么说？

因为很多艺术被亵渎了。

这个怎么理解？

我还是举例说明吧。

秧歌，原初的面貌是对天地自然的崇拜和祈愿，"言之不足，歌之，歌之不足，舞之蹈之"。

现在呢？主要的是男女女男的笑逗打骂。

我不说现在的秧歌不好，我只是遗憾秧田的落寞，这也是土地的落寞，也是劳动的落寞。

当秧歌不再是秧歌的时候，天地自然也不再是那个本应跪拜的"神圣"。

说的太远了，还是回到小院吧。

小院如果要有艺术性，那得花一番大功夫。

我们看到的都是些什么？

老物件，剪纸，年画，对联……甚至还有"抽象派"的镜框……

这些是艺术吗？

严格说不是。

这些更多的是文化。

文化和艺术有什么区别？

我的定义是——艺术来源于文化但高于文化。

艺术，堂皇冠冕，我们常常是亵渎它啊！

小院的艺术，最好是"自然的艺术"，自然中的一花一木，都是大自然的天机创制，那个美妙，不是一般人的写写画画能够比拼的，我们如果没有那个天分，就不要去摆设那个一草一木，就不要去烘托那个一草一木，就不要去供奉那个一草一木。

28. 小院不小（28）

　　一个小院要不要有个"主题"？

　　也是可有可无吧！

　　无呢，小院主要是给人住的，住得舒服就好；小院也是给人休闲的，闲闲淡淡就行。

　　那个主题，所谓的主题，弄不好就刻意、刻板。

　　美，还是清水出芙蓉境界最美。

　　如果在自然的前提下，小院有个升华的主题，那当然更好。

　　这个主题的前提怎么明确呢？

　　那首先要看小院的来世今生，小院原来是什么样子，小院里面有什么？

　　比如，小院有棵老枣树，就可以拿老枣树做主题，做成个"枣花小院"。

　　比如，小院有只有来头的石头羊，就可以做成个"石羊小院"。

　　小院的前提还有个人为的因素，就是我们要把一个或几个小院打造成什么样子，如果你有足够的天才设想，是可以尝试的。

　　比如，你要打造一个"五行小院"，你可以创造一个院子，院子里"五行运化，天机天成"；你还可以创造五个院子，分别打造成——

"金房子""木房子""水房子""火房子""土房子"。

　　前提还有个必要的考量，一般院子都从属于某个村落，这个村落的样子也是小院不能叛逆的，个性突出可以，违和就不好了。

29. 小院不小（29）

　　人在民宿小院都做些什么？能做些什么？

　　想到了那个冷笑话：

　　吃饭睡觉打豆豆……

　　你怎么不打豆豆？

　　我就是豆豆！

　　我们很多的民宿小院没有高明到哪里去，大都是吃饭睡觉。

　　有人说这是给客人自由，我认为这是狡辩。

　　作为民宿的小院，我的观点是——不能给客人"完全"的自由，要给客人"选择"的自由——就是说你准备的那些个活动就明明白白摆在那儿，他有自由选择，当然也可以选择"打豆豆"。

　　民宿小院应该准备什么样的活动？

　　这个最需要策划了。

　　先是小院内的，玩笑着说——小院内有蚂蚁你就引导客人看蚂蚁搬家；小院有瓜秧就引导客人等待瓜熟蒂落。

　　再说小院外、村子里，现在有个流行语叫"轰趴"，轰趴五花八门，其实就是大家凑热闹、解闷子，这需要有鬼点子的人不断变换新花样。

　　还有就是村外，小院想长留客人，得做好小院的外延，你得有吸引人的村外"吸引物"，没有？没有就得提炼或加工出来。

怎么提炼、加工？

你村外有土地吧？有。

长玉米不？长。

你把玉米粒堆半米厚，堆三亩地那么大，然后你说——新熟的玉米太阳晒一整天，会有神奇发生，人埋在里面做世界上还没有的"玉米浴"，你会立马"满足复活"……

我相信玉米浴里会人满为患。

不信，你试试。

30. 小院不小（30）

民宿小院最后往哪里走？

做这个估量得先找到小院的本义。

一个字，就是那个"民"。

民字有两层含义，一是农民的"宿"，二是民间的背景和环境。

现在，好多人都在玩这个概念，但没有了"民宿"和"民间"，甚至有的就是一个普通的旅馆，店招改头换面呼之为"民宿"。

还有很多的民宿夸张地彰显着个性化、创造性、国际范，离开那个"民"越来越远了。

我不是否定那些"创新"，它们可以很好地存在和发展，但不要以民宿的名义。

民宿小院现在有些在走"回归"的路子——回归传统，回归自然，回归本性……这里面也有一些精品打动了人心，得到了市场。

但小院最后还是要适应发展，这个是大势所趋。

农民、农村的大势是什么?

国家的战略是"乡村振兴"。

作为一个个体小院呢?

它一定会受到影响,甚至是深刻的影响。

农村会发生什么大的变化呢?

我预估最大的变化是劳动者,乡村振兴,只有高素质的劳动者才能实现,不管是年青人返乡回流还是人才引聚,农村从劳动者知识结构上需得有大改变。

我预估,农旅会成为乡村振兴最能吸引知识青年的产业,它的发展状况会直接影响乡村振兴的进程。

民宿小院呢?

民宿小院会是农业旅游的一个支撑,也会是率先成熟的一个果实。

如果大家都认可,那么小院就得担当这个担当。

这也是这个话题"小院不小"的"不小"本义。

自然

的

自然

1. 后"新冠"时代，景区的慢功夫和笨功夫

景区，怎么定义呢？

很多说法——世外桃源、人间天堂、文化圣殿、欢乐世界……

最煽情的是——人类心灵的栖息地。

人处在人造的环境里，活得不自然，天天憋得慌。

但现实是——旅游是经济，景区是金钱交换的地方。

没有几个人真正能将自己的心——"放心"地栖息在那个所谓的向往的地方。

那是景区出问题了，还是人出问题了？

都有问题。

历史上有这么一个现象——巨大灾难以后，一定会有人类文明的大进步。

后新冠时代，人不得不"痛定思痛"，人会做一些改变。

那景区呢，它的改变方向呢？

我的推断是——作为人的"理想地"，景区会向"理想化"迈进一步。

理想化——就是很自然的自然。

人会越来越明白——终极抚慰人心的不是人心，是很自然的自然——因为人本质是自然的普通一员，人解决不好的东西，大自然会接手处理。

我敢断言，将来景区有没有"将来"，不是"现代化"水平有多高，而是"自然化"程度有多高。

这可能是一个民族用很多很多生命做代价换得的"醒悟"——我们破坏了自然，自然就会破坏我们。

有人会说，我热爱大自然啊，我又栽树、又种草、又养花，这还不够吗？

是，不够。

我概括了四句话，恢复或优化自然有"四项基本原则"——水里有鱼，树上有鸟，花间有蝴蝶，草下有蟋蟀。

对照对照，很少有景区能达到。

没有这些活泼泼的生灵，你栽的树、种的花都是标本。

或许你说——人进鸟退，这是个矛盾，这个达不到。

我去过新西兰的奥克兰，人来人往的公园里，到处都是野鸟……

我也做过成功的实验，把谷物给麻雀，把清水给麻雀，把关爱给麻雀，不出一个月，麻雀就会落在你手上。

我还有个断言，不久的将来，能够让"水里有鱼，树上有鸟，花间有蝴蝶，草下有蟋蟀"的人会成为"紧俏商品"，基本工资都会高于所谓的白领。

信不信由你，反正我信，并且我还天天用功研究呢。

现在，我研究的主要课题是——如何自然涵养蜜蜂。

据科学家说，受人类对自然破坏的影响，世界上的蜜蜂群族与数量锐减，并且有灭绝的危机……那样——树不结果、禾不结实、花不繁衍……

人类呢？

细思极恐。

那大家就先在人的"理想地"景区做实验吧、做努力吧——让景区的自然——很自然。

——虽然这会是一番番的慢功夫、笨功夫。

2. 蝴蝶追

小蝴蝶，听我声：

飞到东，有马蜂；

飞到西，有公鸡；

飞到南，蛛网缠；

飞到北，火烧腿。

一二三四溜溜嘴，

快快跟我把家回……

小时候，我们唱着歌谣玩"蝴蝶追"的游戏，

不是我们追蝴蝶，是蝴蝶追我们。

方法是——做一个纸蝴蝶，拴上长线，在有蝴蝶的地方绕着跑……没多久，几只蝴蝶、几十只蝴蝶就追着我们跑……

当时只知道好玩，不知道原因。

比我们大的孩子说——是歌谣神，歌谣就像老道念咒一样，蝴蝶着了法术了。

现在教孩子们玩这个游戏，怎么唱也不见一只蝴蝶追了。

蝴蝶少了，越来越少了。

怎么越来越少的呢？

是我们弄的。

科学家说，人类的农业开发和城镇化建设是主因。

这两个方面我没说的，地球上这么多人，总得吃总得住啊。

但蝴蝶真没了，我们就对不起孩子们了——因为蝴蝶是美的精灵，是会飞的花朵，是上帝的眼神……

作为景区，我们是得有所行动了，尤其在"新冠"以后。

那么怎么让一个景区的蝴蝶缠缠绵绵翩翩飞呢？

首先，一句话——花香蝶自来。有人说，我们这里花都成"海"了，蝴蝶怎么也不见多？

两个原因：

一个是你的花是给人看的，你没顾及蝴蝶喜不喜欢。

再一个你老是施肥打药的，你不单单灭了蝴蝶，还灭了蝴蝶的"四代"——卵、幼虫、茧、成蝶——一扫光！

那怎么做呢？

得好好弄明白蝴蝶吃什么，喝什么，玩什么，住在哪儿，怎么搞对象，怎么生儿育女……

那么麻烦，谁干这活计？

我说景区有蝴蝶，有很多很多的蝴蝶就能挣大钱，你干不干？

说说看，

蝴蝶多了，就可玩"蝴蝶追"了……哪个景区能玩成这个游戏，那个景区就能人潮汹涌，流量为王的时代，那还了得。

蝴蝶是孩子们最感兴趣的话题，这是天性。科普课堂、审美教育、夏令营主题活动……都会品牌响当当。

"我和你缠缠绵绵翩翩飞"……景区可以做特殊的婚纱摄影，给一对新人放飞九千九百九十九只蝴蝶当背景，收费九万九千九百九十九元。

还有蝴蝶笼、蝴蝶馆、蝴蝶泉、蝴蝶山……不买门票不让看。

还可以——蝴蝶标本、蝴蝶展览、蝴蝶游戏、蝴蝶影院……

动心了吧？

动手吧！

说几句正经话——

蝴蝶是人为的原因越来越少的，人应该认罪认罚，呵呵。

蝴蝶确实翩翩飞在我们的历史里、文化里、血液里，温暖过我们，也浪漫过我们，我们不能无情、绝情。

蝴蝶也是一个美的符号、一个美的象征，在物欲横流的红尘里我们要给它们一个位置——那个位置也是我们深夜无眠时心的归处。

3. 人是鸟类的朋友吗

人说——鸟是人类的朋友。

如果鸟会说话，我想它一定会问——人是鸟类的朋友吗？

人说——鸟的天敌有蛇、猫、老鹰……

如果鸟会说话，它会不会说——鸟的最大天敌是人。

回过头看看历史，我们的祖宗并不是鸟的天敌，甚至是鸟的"后人"。

"天命玄鸟，降而生商"—— 简狄误吞了燕子蛋，因此降生了商的始祖契。

鸟"图腾"——很多个族群把鸟当作自己的亲属、祖先或保护神。

"鬼车、重明、毕方、朱雀、金翅大鹏"……在神话里，鸟就是"神"，甚至比"人形"的神更神。

皇权时代，凤凰文化居于社会阶层的顶层，下之的尊卑排序还有鹤、孔雀、雉，等等。

在世界几千年的"文学艺术"里，鸟更是不可或缺的主角、配角，可以说，没有鸟，人类的文学艺术就"飞"不起来。

那从什么时候开始人类不尊崇鸟了？

这个问题，我翻遍了几乎所有的书籍也没找到答案。

这个问题，我想了很久了，但还不敢定论。

但我敢试着猜想一下，有个动物很有问题，那就是——鸡。

可能是饿的走投无路了，我们的先人们高难度地捕猎了野鸡，并且惶惶恐恐分着吃了……从那时起，鸟类的尊崇地位发生了动摇。

捕猎的野鸡越来越多，大家吃不了，开始圈养……慢慢的，圈养的野鸡变成了家鸡，家鸡是人养的了，长的也越来越难看了，人们不再认为它原本是鸟了，人们吃的时候也不再惶恐了……从这个时候，鸟类的尊崇地位摇摇欲坠。

特别声明一下——"本故事纯属杜撰，若有雷同，实属巧合"。

至于后来人们什么鸟都吃、什么鸟都敢吃，那就是"破窗效应"——破罐子破摔了。

到了近现代，人类认为自己"我的命我做主"，鸟的地位一落千丈，并且鸟的种群和数量剧烈灭绝或骤减。

现在，随着人类对物质文明"不文明"的追求，围海造地、填湖造地、毁林造田、开荒造田、开山冶炼、滩涂养殖、水体养殖……鸟类没有了家，惶惶如"丧家之鸟"。

欣慰的是，人类还是没有完全丧尽天良。

有人提议设立了"鸟类保护区"，有人花钱建立了"鸟语林"，还有人把鸟放进他自己的鸟笼里保护起来……

对这些，我都持反对意见。

为什么？因为人工干预的结果，一定是鸟不再是鸟。

比如，扎龙丹顶鹤保护区——丹顶鹤被喂养的比重越来越大，鸟类依赖性就越来越大，一旦有个天灾人祸，它们很难能劫后重生。

至于"鸟语林"，问题更是严重——好多不同种类的鸟放在同一环境里，好多鸟都吃共食性食物，一定会造成鸟不正常的同化和异化。

那怎么办才好呢？

这当然是世界性、社会性的大课题。

在世界和社会还没有真正重视和面对这个大课题的时候，我们的景区要做出最好的示范，尤其是那些自然风景区更要提高到使命担当的高度。

具体怎么做呢？

因为要"保护知识产权"，嘿嘿，具体问题咱们再讨论。

在这里，我不负责任的提几点原则性的原则：

一、人的三观（人生观、价值观、世界观）之外，要加一个"自然观"，要形成理论，更要形成教育体系，教育的最终目标——让人知道——人离开自然就不是人。

二、政府强制干预。要像下达经济指标那样，下达"鸟类涵养指标"——品种提高到多少，数量提高到多少……完不成，大刑伺候！

三、坚决贯彻"鸟类自然生态涵养方针"，让鸟很自然的生活在自然之中。

4. 好吃的鱼

市面上，野生的鱼比人工养殖的贵很多，原因是野生的鱼要比人工养殖的好吃。

野生的鱼越来越少了……有一天，总有一天，人吃不到野生的鱼，也就再也吃不到"好吃的鱼"了。

这样想来，人也是挺可怜啊！

那原因是什么？

原因并不难找，因为"结果"就在最近这百十年发生的、发生了……

人天性健忘，但再健忘也大体回忆得出"人跟鱼"之间这百十年发生了什么。

世界上，百十年来，没有一条河还是自然的河了。

可以推论——没有一条鱼是自然的鱼了。

远古一些，人类为防洪灾疏堵河道、围堤叠埝——对河流来说还造不成根本的影响。

到了近代，世界性的修水库就动了河流的根本。

为什么修水库？

因为节制洪水，因为农业灌溉，因为城市化后的城市用水，因为工业化后的工厂用水……

水库的修建，造成很多自然的干流、支流断流。

鱼儿离不开水——没有水了，很多鱼类的讨生生路也就断了。

随着现代化伴生的污染和环境变化，水也不是原来的水了，鱼也不是原来的鱼了，鱼的味道当然也不是和人类同生共存几千年几万年的"原味"了。

人，不是简单的动物，

为了吃，开始养。

味道不好，那就自然佐料、人工佐料呼呼往锅里扔……

人吃不到好吃的鱼，想的办法都太急功近利，离解决问题的根本也越来越远。

那个根本到底是什么？还能不能得到根本改变？

我个人的意见还是能，

"大话"不说了……

咱们说说"小话"。

还是拿我们最有自然资源优势的景区说话。

让我们一起"忙碌"一番——

假如你的景区没有水，先解决水的问题。

地上、地下没有水，那就"靠天吃饭"。

"雨水汇集、生态养水"——现代技术能保证了。

接下来是建一个"水系"。

这个水系要流动循环，要"活水"，"提水体系""动水体系"——技术上没问题。

特别提示一下，千万别图"好看"建硬质堤坝……现在我们看到的都是硬质的，它就是鱼的杀手、鱼的棺材……离题远了，不多说了。

活水有了，下面就解决鱼苗的问题。

千万不要去育苗室买……重要的话说三遍。

有一句老话——"千年的草籽，万年的鱼籽"，什么意思？就是你不用撒鱼苗，水里就会自然生出各式各样的鱼来，只是时间久一些。

你如果是一个急性子，那就去附近的水库买水，买春天的水，春天的水里有各种鱼籽。

万不可买一种或几种野生鱼放进去，因为鱼类也是一个"社会"，"鱼龙混杂"的都活不好、活不长。

有水了，有鱼了，人干什么？

等。

千万不要喂食。

等，等的烦躁了，就干点儿"文化"。

你研究研究"鱼崇拜""鱼祭祀"、河神、海神、海龙王。

你研究研究"鱼龙变化"。

研究研究古人捕鱼、吃鱼的"自我安慰术""心态平衡术"。

研究研究不那么残酷和暴力的古今中外的捕捞方式。

研究研究鱼虾蟹贝之间的关系、鱼虾蟹贝跟植物、水生昆虫、微生物的关系。

研究研究鱼鳔怎么养肾、泥鳅熬虾黄怎么壮阳。

研究研究"鸿雁长飞光不度，鱼龙潜跃水成文""西塞山前白鹭飞，桃花流水鳜鱼肥"。

研究研究"孤舟蓑笠翁，独钓寒江雪"……

你研究的差不多了，水里的接近自然野生的鱼也差不多肥美了。

你再接着研究这些"好吃的鱼"怎么吃吧。

5. 向阳花树谁人栽

科学调查，每立方米空气中的含菌量为四百万个，街道为五十万个，而自然林地只有五十多个。

从"非典"和"新冠"看，始发地并不在什么"宿主"和"中间宿主"出没的林地，而是千万人口以上规模的大城市。

这一点，希望我们的专家好好研究研究。

从这一点延伸，应该没有什么宜居城市，只有宜居的林地，但扯的是——人们还是挤破头往大城市去。

这一点不是我们这个系列讨论的问题，我们还是谈论景区。

景区不能建成城市，这应该是基本原则，但我们很多景区都往那个方向倾斜。

这个将来是最令人担心的"将来"。

如果为人类的将来着想，在天生就有自然资源优势的景区要实行严格的"细菌控制指标"，甚至"立法"。

比如，景区每立方米细菌数量超过五十个就"摘牌"、就"贴封条"。

你会问——景区不建宾馆、饭店、商店怎么赚钱？景区不做"景观地产"怎么回本?

这个问题不难解决。

之所以是问题,是因为我们把景区和"景区接待"看成是一体、看成是一块了。

我们把景区和景区接待分开,分开看、分开做——问题不就解决了吗?

或者更直接"暴力"一点儿——景区要跟接待设施分开做,起码距离得超过五千米。

这个五千米是我瞎说的,噪音、粉尘、细菌什么的够不够安全的"隔离距离",这个还得让专业人士去定。

还有人会说了,我们景区没有啥接待设施,但达不到"细菌控制指标",那该怎么办?

好办,好好办就好办。

你就做一件事就行——植树、栽花、种草。

你会说,这个我们年年做啊!

我说,你并没有好好做。

我们拿植树说事,你回答回答这个问题——

你在景区植树是为了什么?

观赏,纳凉,吃果实,木材卖钱……

负氧离子、天然氧吧……

是不是这些?

是的话,你就没有好好做。

原因呢?

原因是——你光想着植树对人的好处了,没想植树对树的好处。

我们很多的错误都犯在这儿。

不管是什么地方,都栽植法桐,但法桐是对小孩子有害、对小鸟有害的外来树种。

本来地下水位下降的厉害，有些景区还大面积地栽植杨树，杨树号称是树木中的"抽水机"，它蒸腾的水分比它涵养的水分要大。

一栽树就是"速生"、就是"全冠"，生长缓慢的没人栽，估计再过一百年，我们的子孙看不到我们栽的树⋯⋯

什么是正确的做法？

我听新西兰的朋友说——他们那里没有"植树造林"，当一片森林被批准砍伐后，政府就把这块地圈起来，不准羊进入，不准人踏入，就让这块地自然着生长⋯⋯

我接待过一位日本绿化专家，讨教沿海滩涂怎么绿化、美化。

他说——最好的方案就是滩涂上能长啥长啥，人不要去干预。我说——盐蒿、芦苇、柽柳啥的也不美啊！

他说——名贵的不一定对生态好，自然的一定是生态的。

我们可能没有新西兰那么有耐性，也没有日本专家那么高的"生态理念"，但我们可以"因地制宜"——这话可是我们祖宗的智慧。

祖宗们说过："地性生草，山性生木。"

还说过："周以为护，时以灌之。"

如果没有更好的主意，就听祖宗的话——"向阳花树谁人栽，风摇雨摆鸟徘徊"。

6. 垃圾不垃圾

我敢断言——不久的将来，人类一定会被人类制造的垃圾所伤害，且受伤害程度比历史上历次瘟疫的总和都要严重的多。

"垃圾围城""垃圾围人"——世界性的灾难正大踏步走来。

"焚烧""填埋"，这些"不自然"的垃圾处理方式正迅速污染着空气、水体，而它们是人类生存的基本、根本。

皮之不存，毛将焉附。比附着说，空气、水就是"皮"，人就是"毛"——延伸一句话——人的傲慢和苟且在大自然面前"一毛不值"。

垃圾分类、生态化处理、等离子气化……这些所谓先进、科学的处理方式——在垃圾高歌猛进的产出量面前气若游丝。

相信科学，相信科学能解决垃圾的问题——起码一百年了，人类的科技进步远远落后于垃圾的"进步"。

这个根本原因在哪里呢？

就在人类本身！

你想想，一百年前地球上有多少垃圾？

你想想，"工业革命"前地球上有多少垃圾？

你想想，"化学产品"生产前地球上有多少垃圾？

你想想，"现代化"前地球上有多少垃圾？

我不反对现代化，也不主张"返祖归宗"，只是在提醒一个问题——在生命质量上，现代化是让人生活的越来越好了还是越来越糟？

我的判断倾向是——越来越糟。

我尊重你的判断。

也许你还想说服我要相信"现代化"，相信科学能解决垃圾问题……

我想过渡到另一个问题——我们是不是犯了一个"方向性"的错误——我们老费尽心力想垃圾处理，我们为什么不想想"垃圾产生"——如果没有垃圾产生，就没有垃圾处理问题了吧？

所以，我的主张是——我们要费尽心力地的去想、去做"垃圾如何不产生"。

也许你会摇头了、白眼了、冷笑了，

但是，人类已经面临"灭顶之灾"了，为何不去挣扎一番。

作为景区，更应该做这个"挣扎"的排头兵。

嘿嘿，铺陈的太多了，这才刚刚切入正题。

我认为（不是说大话，也只能是我认为了）景区的目标就是——垃圾不垃圾。

让我们景区的垃圾变成不垃圾。

怎么做？

这是个系统工作。

首先我们要制定出"指导思想"——这个"务虚"工作很重要。

指导思想——（我建议是）景区要走到生态文明的最前列。

标准要求——景区垃圾要做到"零产出""零输出"。

处理原则——自我循环的生态处理

行动计划——管人、管事、管设施三步走。

资金保证——年收益的60%用于"垃圾不垃圾"（有了钱，什么都不难！嘿嘿）。

组织保证——这个得狠点儿，借用古代的律法——"连坐"。

说的太玄乎了，咱们说点儿实际的。

假如我当景区的"垃圾不垃圾"主管，我这么做。

先是"大改造"。

把景区的接待设施改造成生态餐厅、生态酒店、生态厕所……

再者，世界范围招标"生态垃圾箱"——现在景区的垃圾箱很垃圾，臭气熏得游客不敢往那儿走，咋能让他把垃圾扔进垃圾箱。生态垃圾箱的要求——一是外形什么的要幽默搞笑，让游客扔垃圾变成"兴味盎然"的事儿；二是垃圾投放口见不到垃圾，不能恶心到臭美的美人们；三是自动化程度高，谁手上有垃圾，垃圾箱就主动去上前搭讪（估计真有这样的垃圾箱，批发零售垃圾箱会比经营景区挣得多得多）……

再者，撤销环卫部门，不设环卫岗位——那环卫的事儿谁去干？——让游客去干——（我们传统印象里，环卫工人干脏活、挣低薪，我们必须改变这个现象，改变了这个现象，垃圾不垃圾的社会化才有现实可能），什么样的游客？一是招募长得漂亮的美女，让她们去捡垃圾，"爱美之心人皆有之"，很多游客看到美女捡垃圾，就不好意思随手扔垃圾了；二是招募小孩子，人都"护犊子"，看到那么小的小孩捡垃圾，很多人就会自觉；三是"银发族"，人都有"老吾老"之意，看到爷爷奶奶级别的人捡垃圾，大家就会扔不下去……当然要给他们报酬了，被招募的游客将拾到的垃圾交给景区，景区按数量、质量，给予矿泉水、餐券、房卡、门票、人民币、出国7日游……一个景区时常的、惯常的这么做，你可想象——还会在景区扔垃圾的人那多不是人啊（嘴欠了）。

再者，让大家参观和参与垃圾处理——比如厨余垃圾——垃圾去喂鸡，鸡粪去喂鱼，鱼粪去种草，草上再放羊，羊粪再种瓜……你别反胃，这些事不是一口气做完的。

最后，景区严禁喷香水的人进入，香水的制作和售卖过程，产生了大量垃圾和臭水，这样的行为要坚决打击。那么有些人不喷香水就不自在了怎么办——好办，景区有大批大批的鲜花，爱美的人可以插满全身，全免费！

节庆活动

及

项目策划

1. "我们都是稻草人"

——中国"丰收节"大型主题活动

活动主题：谨记敬农惜粮，乐享丰收喜悦，欢庆五谷丰登，期盼国泰民安

活动时间：（半个月）

活动地点：

活动版块：

活动版块之一：稻草人乐园

1. 全国第一届稻草人扎制大奖赛

2. 主题性及具地方特色的稻草人吉祥物

3. 基本氛围打造

活动版块之二：丰收的味道

1. "做一斤新米给自己"——古法制米体验

2. 新米粥，新米饭

3. 品牌菜肴——稻草烧河蟹

4. 五谷丰登流水席

活动版块之三：拜天地，留鸟食

1. 拜天地的仪式

2. 感恩的颂歌

3. 祈福的舞蹈

4. 留一块稻田不收割，给鸟类留食

活动版块之四：草垛大挑战

1. 垛草垛

2. 爬草垛

3. 跳草垛

4. 滚草垛

活动版块之五： 共筑爱巢

预备适当的原材料

情侣建草房子

活动版块之六： 草艺互卖市场

1. 制作草帽、草鞋、草背包、草绳等草编

2. 大人和孩子叫卖销售

活动版块之七： "草之火"晚会

资金投入：

资金回报：（大门票概念）

2. 闺蜜节

活动口号： 春满山叶口，闺蜜一起走

活动主旨： 最美三月天，寄情山水间

活动参与： 发送你的闺蜜照片至我们的公众号后台（保密，其他人不可见），我们就寄赠景区入园门票

活动内容：

1. 觅源行动

设置场景

漫画和漫话形式，让闺蜜们寻找到彼此的"初识"。

合影留念

2.花、话、画行动

设置场景和相关用品用具

闺蜜间互赠——或一束花（插花）、或一句话、或一幅画。

"花"、"话"、"画"可上传至景区公众号后台，参与"山叶口闺蜜节花、话、画大奖赛"。

此大奖赛规则另行制定。

3.默契行动

参与"即兴舞蹈"

景区安排领舞者，参与的闺蜜跟学。

观众评判"一致性"

优秀者赠送精美礼品

4.挑战行动

计时赛

闺蜜背负登山（50米山道）

优秀者赠送精美礼品

5.报复行动（一起疯，一起闹）

（1）蒙眼，橡胶锤相互打斗

（2）石头上的棍棒 两块石头距离五米，两根4米半的竹竿，竿头软包，闺蜜之间相互击打，先掉下石头者为败。

（3）沙袋互掷

6.一起行动

森林共同穿越

闺蜜报名参赛

获胜者获取奖品

7.臭美行动

青云仙境场景

拍照、拍摄

8. 赞美行动

卡拉 OK

献给对方一支歌

闺蜜的过去：

1. 曾经是同桌的你

2. 你给我过橡皮

3. 共同的花纸伞

4. 穿过对方的衣服

5. 共用一支口红

6. 睡过一张床

7. 家里人都知道她的名字

闺蜜的现在：

1. 一起哭一起笑，一起疯一起闹。

2. 第一次见面就知道你是一个二货，碰巧，我也是。

3. 不管是开心还是难过，我都是你的第一分享人。

4. 你一瓶我一瓶，看看到底谁不行。

5. 我可以欺负你，但别人不行。

6. 在一起，没心没肺；不在一起，撕心裂肺。

7. 只有当着你我才会放声大哭。

闺蜜的将来：

1. 闺蜜，喊一声，伴一生。

2. 新郎未知，但伴娘已定。

3. 春风十里，不如有你。

4. 朋友一生一起走，谁先瘦了谁是狗。

5. 老铁不会铁，闺蜜才会蜜。

6. 谁让你生气，我让他咽气。

7. 我的 18 岁有你，你的 80 岁有我。

3. 红起来

一、活动宗旨

1. 感恩祖国，祝福祖国

2. 九九重阳，欢乐海洋

二、活动主题

九九情 中国红

三、活动时间

10.21——10.25

四、十三大活动版块

1. 红门大开

9 个红色氢气球（一大八小）

5 道彩虹门

寓意：九五致（之）尊

2. 丰收喜庆

笑口常开

红萝卜造型，每个红萝卜上镂刻笑脸

你好棒

玉米棒子大拇指造型

火辣辣的爱

红辣椒"爱"字造型

事事（柿柿）如意

红柿子"垂帘"造型

跳舞的红苹果

红苹果真人秀

红苹果大头娃娃

3. 红歌大家唱

免费卡拉 OK

4. 红红火火大秧歌

每天一队一场

5. 红旗飘飘

栏杆绑束红旗

6. 大红灯笼高高挂

挂各式大红灯笼

7. 鼓乐喧天

擂鼓表演

8. 我的中国心

造型——心

游客拿红豆粘贴在"心"上

9. "国旗红"旗袍秀

"感恩祖国、祝福祖国"剧情走秀

10. 中国（结）节节高

树上悬挂各式各样中国结

11. 中国红、中国龙

栈道栏杆展布红绸带，远望像一条长龙

12. 重阳登高节

与登山协会合作举办

13. 重阳祈福

挂结红绸带

五、活动福利

六、活动筹备（略）

1.策划组

2.准备组

3.现场组

4.宣传组

七、活动组织

4.拜山节

活动目的：

1.景区开园的宣示

2.恭恭敬敬拜祖先，喜气洋洋三月三

活动的意义：

1.深刻领会习主席的"绿水青山就是金山银山"

2.祭拜先祖，感恩祖先

3.崇拜、敬畏大自然

4.年年柳色年年新

活动时间：

农历三月三

一天

活动地点：

活动主办：

活动承办：

活动协办：

活动主要版块：

一、拜山部分

1.领、执柳枝

2.开山炮

3.诵"拜山文"

4.拜"五行"——金盆、木盆、水盆、火盆、土盆

5.诵山——诗朗诵：

三月初三春正长，蟠桃宫里看烧香；沿河一带风微起，十丈红尘匝地扬……

6.唱山——山歌

7.喊山——风来啦…雨来了…山青了…水绿了…

8.舞蹈（拜山之舞）

9.放飞纸鸢

10.叩山鞭

二、拜轩辕部分（三月三是轩辕先祖的生日，是道教玄武大帝寿诞，也是王母娘娘开蟠桃会的日子）

1.乐器演奏

2.燃香

3.祷告文

4.祈福

三、绿色情人节部分（历史传统上，三月三是中华民族的情人节）

1.送柳枝

2.吹柳笛

3.吃春饼

4.赠荠菜煮鸡蛋（华佗发明、平安健康）

5.踏青

5.雨林嗨水季

活动主要板块：

一、奇幻漂流：

森林漂流进阶版

1.雾森区段

2.水拱门区段

3.花雨区段（花树上吊花袋和水袋，漂流的游客可捅破，一天固定几个时段可戏玩）

二、青苔秘境：

1.青苔森林

2.青苔石径

3.青苔溪流

4.青苔小瀑布

5.青苔粉红小木屋

三、青云仙境：

提升打造

四、泼水乐园：

五彩石广场处

1.布置泼水节场景

2.设置泼水节活动

五、童谣声声唱

1.鹅鹅鹅

谣曲：

鹅，鹅，鹅，

曲项向天歌。

白毛浮绿水，

红掌拨清波。

位置：鸳鸯湖（可改名－白鹅湖）

标志：

黑板报意象

可用石块、砖墙、原木等支撑"黑板"

黑板上让孩子们写谣曲内容。

场景设置：水面放置两只充气白鹅（大体量）

2.摇啊摇

谣曲：

摇啊摇，摇到外婆桥。

外婆叫我好宝宝。

糖一包，果一包，外婆买条鱼来烧。

头勿熟，尾巴焦，盛在碗里吱吱叫，吃拉肚里呼呼跳。

跳啊跳，一跳跳到卖鱼桥，宝宝乐得哈哈笑。

位置：白鹅湖南面

标志：黑板报

场景设置：一条摇橹的小船

供游客摄像

3.数鸭子

谣曲：

门前大桥下，游过一群鸭，

快来快来数一数

二四六七八……

位置：孔雀园附近

标志：黑板报

场景设置：

充气黄鸭，大小八只

溪流东面墙体——主题涂鸦

4.猴子捞月亮

谣曲：

猴子爬在大树上，看见水中圆月亮。

月亮像铜锣，一定响当当。

月亮像大饼，一定喷喷香。

又想吃来又想玩，

小猴子的口水，那个八呀八尺长。

位置：儿童秋千处

标志：黑板报

场景设置：

石井

高树

猴子（布偶）

5.石头剪刀布

谣曲：

石头剪刀布，石头剪刀布，

赢了不许笑，输了不许哭……

位置：儿童秋千处

标志：黑板报

背景设置：

游戏的小场景打造

6.我们都是木头人

谣曲：

一不许说话二不许笑，

三不许打骂四不许叫，

我们都是木头人，

谁也不许动。

位置：儿童秋千处

标志：黑板报

背景设置：

一组憨态可笑的木头人

7.一二三四五，上山打老虎

谣曲：

一二三四五，上山打老虎，

老虎没打着，打着小松鼠，

松鼠有几只，我来数一数，

一二三四五……

位置：五彩石林东侧崖壁

标志：黑板报

背景设置：

木栅栏：区隔人群

喂养小松鼠：每天定时投食——松子、玉米、板栗等。

六、雾森场景

略

七、溪流瀑布场景

1.命名

2.标志——五彩石切石

3.摄像的小场景打造

6. 中国北方晒秋节

意义分析：

1. 一个以旅游为主产业的区域，一定要有个影响巨大、流传广远的重头节庆活动。

2. 区域农业样态丰富，物产繁多，适宜做农旅的大文章。

3. 国家的"丰收节"制定以来，还没有很突出、很特别的经典活动，我们可以在这方面做个突破——这样的"突破"会是国家级的影响。

4. 一个活动能够长久，一定得当地的百姓愿意参加，并以此为荣，所以——活动的举办，一定得紧贴老百姓。

5. 有明显经济效益的活动不多，大多是赔钱赚吆喝，我们得格外区隔办活动的价值和意义，得做到名利双收。

6. 想尽办法让当地老百姓"货卖得出，钱挣得来"，让活动给他们带来实实在在的好处。

7. 政府主导，这个主导性不可挪移，对老百姓来说——相信政府比相信企业更甚。

活动主要版块：

一、晒秋

1. 重点是三个景区、四个村

2. 主会场打造

主会场主要包括艺术门景、艺术舞台、大型农作物艺术场景，比如玉米造型、辣椒造型、苹果造型等。

3. 主题文艺演出

以当地文艺演出团队为基础，排演一台以晒秋为主题的精彩节目。

活动期间，每天演出一场

4.各景区晒秋场景打造

特大型的晒秋场景，比如南瓜山、板栗河、辣椒海、柿子坡等。

5.各村晒秋场景打造

政府出台一定的推动和奖励政策鼓励各家各户积极参与，让各家的屋顶、窗台、墙头、庭院都呈现出艺术之美来。

晒秋的品类——瓜、果、蔬菜、干果、粮食等无所不包；晒秋的器具也五花八门——箩筐、簸箕、篮子、竹竿挂晒等。

二、全国晒秋艺术创作大奖赛

1.摄影大奖赛

此活动与国家摄影家协会合办

吸引更多的摄影家及摄影爱好者参与，成为他们向往的摄影创作天地。

评奖

编辑出版晒秋影集

2.水彩、油画大奖赛

此活动与国家美术家协会合办

评奖

编辑出版晒秋画册

3.H5创作大奖赛

评奖

合作媒体、网站、公众号系列展示

三、晒秋运动会

主会场和各景区的分会场错时举办

办成以晒秋为主题的妙趣横生的全民运动会

游客可提前报名，也可现场报名

奖品多以晒秋产品为主

主要活动——

1. 搓玉米比赛

2. 搬粮食

3. 夹枣

4. 麻袋跳

5. 扁担跑

6. 剥花生

7. 播种（一坑五粒）

8. 弹核桃

9. 捡芝麻

10. 套圈

四、促销活动

让老百姓的晒秋产品卖出去，是晒秋的又一个硬指标、硬任务。

主要促销活动——

1. 购物团

2. 会销

3. 网红促销

4. 水果大集

5. 线上晒秋展销会

7. 爱心谷

主题：寻你的爱情故事

这里有你的向往，有你的回忆，有你的百转柔肠

策划要点：

1.唯美，重爱情不染情色

2.中国爱情

3.人工设景要跟自然景色高度融合

4.轻投入

主要项目：

一、门景

自然景石，刻字"情人谷"

二、爱情五个字

1.缘

缘来是你

2.爱

爱就一个字，我只说一次

3.吻

吻的痕迹一辈子也抹不去

4.囍

两个人欢欢喜喜在一起

5.情

有情人心就永远年青

这五个字分布在沟谷始末，用黑色大理石砌台子，角铁做骨架，用白桦原木搭字。

台子和字的大小，适宜两个人与之合影。

三、爱情四花园（花圃）

1.风信子

花语：让人感动的爱

2.玫瑰

花语：你在我心里

3. 勿忘我

花语：永恒的爱

4. 百合

花语：百年好合

建四个小花园（具体位置待定），配套四间草棚子（做成温室，做到非自然花季时有花可看），相关主题花园的爱情小品设置。

四、鹊桥（网红打卡点）

建一座石拱桥（苏州风格），配置水雾效果。

桥上云山缥缈，桥下溪流淙淙

五、十情诗

1. 关雎　窈窕淑女，君子好逑

2. 卜算子　只愿君心似我心，定不负相思意

3. 击鼓　执子之手，与子偕老

4. 上邪　夏雨雪，天地合，乃敢与君绝

5. 行行重行行　相去日已远，衣带日已缓

6. 鹊桥仙　柔情似水，佳期如梦

7. 雁邱词　问世间情为何物，直教人生死相许

8. 江城子　相顾无言，只有泪千行

9. 离思　曾经沧海难为水，除却巫山不是云

10. 蝶恋花　衣带渐宽终不悔，为伊消得人憔悴

十情诗做断续的石墙，重点句子书法家书写、雕刻，全诗小号字瘦金体雕刻。

六、爱情回音壁

我爱你——爱要大声喊出来

选一处有回音效果的山体，再配套相关的小品景观

七、爱山

围拢一小山体，命名"爱山"。

按地质考证，每方鹅卵石都贮藏着亿万年时光

情人们两个人的名字刻在鹅卵石上，再投放到爱山上。

爱山，要做文化包装和声名宣传。

八、山盟山

选一山峰，命名"山盟山"。

情人把对对方的"誓言"写在木片上，再栓挂在选定的松树上（松长万年）。

九、洞房洞、百年瀑

将谷中的山洞做扩大处理，命名"洞房洞"。

将洞旁瀑布做循环水流，命名"百年瀑"。

编一个美丽的爱情故事，可以跟"山戎族、遗址"有关。

十、云天外栈道

谷底修一条栈道，连接其他景点，

寓意是爱情地久天长，人间可以是天上，天上也可以是人间。

8. 鸟鸣涧

主题：人与鸟和谐共生

突出人和鸟的关系，突出人爱鸟、鸟也亲近人，

在娱乐中升华人与鸟的"朋友"情谊，

让人认识到鸟类不为人知的另一面。

主要项目：

一、孔雀东南飞

孔雀20只左右

驯化

每天上下午两次定时于此两处飞翔

二、鹰猎表演

猎鹰 4 ~ 5 只

驯化空中捕食

每天上下午两次定时鹰猎表演

三、山雀山

大罩网

养殖各种山雀（我国有 3 属 17 种）

招引各种山雀

山雀对森林意义重大，是指标性的代表。

"山雀山"是人与自然、鸟与自然和谐的标志性体现，也是青少年最好的"自然课堂"。

四、鸟类明星剧场

建半环形剧场舞台

建半环形观看席位

每天上下午定时表演

主要节目：人鸟对话、鸟类数学课、鸟类迪斯科、小鸟娶亲、鸟类特技表演等

五、"手玩鸟"擂台

民间"手玩鸟"高手表演

民间手玩鸟高手"打擂"，观众评判互动

六、鸟影人影

圈养秃鹫、丹顶鹤、鸵鸟、中华白鹳等大体型鸟类

"鸟与人一家亲"——合照

七、鸟声人声

树下大型鸟笼

树上小鸟笼

圈养鸣禽类

鸟声人声融于一体

八、人与鸟的图画

原木堆砌

画面为人与鸟的——崇拜、图腾、交流、驯化、养殖、涵养等，是画面化的人与鸟的演变历史。

对游客是自然人文教育，也是游客"合影"的最美"背景墙"。

9. 蒙古贞赞歌

项目主题——蒙古贞赞歌

蒙古贞在漫长的发展历程中不屈不挠、勤劳勇敢，创造了可歌可泣的历史功绩。

尤其是农牧合一的生存和生活方式，成为我国农牧文明独特的文化现象。

项目目标：

国家 AAAAA 级景区

国家乡村振兴典范

国家农牧生产、文化、旅游融合发展楷模

辽宁省景村融合发展样板

主要项目：

一灵魂、二支柱、三原色、四支歌、五家园、六屯子

一灵魂：

景区灵魂——蒙古贞文化

二支柱：

蒙古贞人民

独特的自然生态环境

三原色：

1.宝力根寺

大力弘扬爱国、爱教、爱民的佛教优良传统,教化一方、造福一方、平安一方。

大须弥天

政策允许前提下,改造和提升现宝利根寺以外后建的寺庙及设施,以"大须弥天"的主题为统领。

须弥山由金、银、琉璃、水晶四宝构成……山顶为帝释天,四面山腰是四天王天。

2.三泉圣井（境）

重新打造三泉圣井,使之成为独具特色的"白泉秘境"。

泉水概念向上提升、向下延展,充分展示水与山的诸种"关系"。

系列展示——山之十五水：

（1）瀑布

（2）水雾

（3）露水

（4）雨水

（5）霜雪

（6）溪水

（7）涧水

（8）潭水

（9）跌水

（10）叠水

（11）激水

（12）腾水

（13）槽水

（14）洞水

（15）水眼

3. 敖包拜圣

（1）周年性组织敖包节等民族特色活动

（2）乡间剧场——演绎蒙古贞的传奇

四支歌：

一、田园牧歌

展示和体验蒙古族的游牧文化

拟占地 2000 亩

建分体式圈养牧场

生产和旅游融合发展

1. 羊文化

羊文化的展演区（展览和演出）

主要项目：

岩画

五羊衔谷

三羊开泰

女娲造羊（正月初四）

獬豸神羊

皋陶敬羊

四羊方尊

羔羊跪乳

德如羔羊

羊文化表演剧场

羊文化体验互动园区

主要项目：

牧羊姑娘

放羊娃

斗羊比赛

羊上树

羊上山

牧羊犬

叼羊表演

羊拉车

羊拔河

剪羊毛

2.马文化

马文化的展演区

马文化体验互动园区

3.牛文化

牛文化的展演区

牛文化体验互动园区

4.骆驼文化

骆驼文化的展演区

骆驼文化体验互动园区

二、大地飞歌

大地艺术——艺术与大自然有机的结合所创造出的一种富有艺术整体性情景的视觉化艺术形式。

特点：国内罕见，冲击震撼

拟占地2000亩

生产和旅游融合发展

1. 国际艺术家创意园区

每年一度，组织国际大地艺术家来园区创意、创作，打响园区的国际形象。

2. 景区自创景观园区

童话田园

树木肖像

泥巴方塘

粉黛香田

荻草渲天

野菊漫山

疯狂的木头

三、风舞水歌

现池塘上溯及沿线区域

主要项目

风车大道

国内外的风车集锦

1. 激情划水

2. 动感戏水

四、松涛山歌

现山脚松林

生产与旅游融合发展

主要是发展林下经济

1. 养殖

林下养殖山鸡、飞龙、鸡鸭鹅等

2. 种植

林下参、松蘑、黄金菇等

五家园：

主题性文化园区

系统展示蒙古贞的生产和生活

每个园区占地拟 100 亩

处于山地和农地交接部

餐住能力 400 人

旅游和生产相融合

一、谷牧家园

园区主要展示和演绎蒙古贞的生产活动

偏重于农耕（区别于田园牧歌）

主要项目：

1. 特色居所

2. 劳动工具

3. 劳动方式

4. 劳动体验

5. 五谷杂粮

6. 农事节庆

7. 丰收的金黄

二、食为天家园

园区主要展示和演绎蒙古贞的饮食文化。

三、土木家园

园区主要展示和演绎蒙古贞的住宿文化。

四、桑麻家园

园区主要展示和演绎蒙古贞的衣着文化。

五、彳亍家园

园区主要展示和演绎蒙古贞的行走文化。

六屯子：

景区衙门村的六个自然村

计划三年内建成 50 家民宿。

投资方式——景区自建、招商引资、村民自建

一村一品模式发展加工业

——主要加工牛肉（酱牛肉、风干牛肉等）、奶制品（奶豆腐、奶茶、酸奶、奶片等）、木碗、马奶酒、蒙古族馅饼、糜子食品等。

项目功能分区：

项目交通规划：

项目投资：

预计总投资 12 亿元

项目接待规模：

景区内住宿能力 3200 人

日流转规模 9600 人次以上

项目建设：

项目分三期建设，总建设期 9 年

投资回收：

项目边经营边建设

回收叠加、摊均计算

估计均数为 7 ~ 8 年

项目合作模式：

鉴于该项目为国家级大项目，投入大、开发期长、影响深远。

建议模式为——

一、政府与开发商合作组成该项目的"旅游开发公司"

二、争取国家级立项

三、争取进入辽宁省旅游重点项目

四、前期投入资金完善接待与服务条件，三年内初步达到 20 万次人的游客流量。

五、争取上级政府的资金和基金支持

10. 村上·椿树

项目定位：

1. 项目名称

村上·椿树

取日本世界级作家"村上春树"的谐音命名。

名字富有想象和诗意，其中的椿树也是该项目的核心物。

2. 项目描述

以香椿作为民宿的文化打造核心，在全世界还绝无仅有——这会是我们的"先发优势"。

3. 项目目标

成为中国北方山村旅游改造的楷模、典范。

4. 项目特色

现在很多景区（尤其是民宿项目）文化是干巴巴僵死的，不是水灵灵活泛的；很多景区打"度假"的旗号，其不知人不能老"发呆"，无所事事是最没意思的"意思"——这两点几乎是致命的。

此一项目要创制出一个新模式来——简称"村上·椿树模式"吧——"文化融入生产，生产融入生活，生活融入旅游，旅游融入文化"——这里边最关键的是怎么把累人的生产变成"雷人"的生活方式。

5. 项目目的

打造此一项目,带动一方百姓致富,实现辐射区域的乡村振兴。

项目概况:

(略)

功能分区和主要建设项目:

1. 入口

(一)停车场

(二)村上 . 标志

(三)山花烂漫

路西侧沟谷,适时栽植各类山花,使游客"第一眼"就切换"诗意的频道"。

2. 三椿树

小场景打造——

入村喝一杯椿花蜜

出村喝一杯香椿茶

3. 客服中心

4. 村上 · "亲戚家"

奶奶家、姥姥家、姑姑家、叔叔家……

民宿打造

浓郁的亲情文化、甜蜜的亲戚氛围。

5. 村上 · 六奶奶

豆花奶奶、蜂蜜奶奶、奶牛奶奶、咸菜奶奶、猫奶奶、鸡奶奶

民宿打造

管家奶奶

对应的院落文化打造和诗意的生产生活打造。

6. 村上·四大爷

山雀大爷、山羊大爷、山货大爷、山石大爷

民宿打造

管家爷爷

对应的院落文化打造和诗意的生产生活打造。

7. 村上·大户人家

现有2家民宿的再改造。

8. 村上·耕读世家

民宿打造

院子可耕种劳作、可琴棋书画

9. 椿香饭馆

现学校处

10. 香椿坊

香椿的文化展示

系列产品加工、展销

销售直播

相关香椿文化活动

可选现水厂位置

10. 秘密花园

栽植与爱情相关的花卉

比如勿忘我、彼岸花、荼蘼花等。

位置在接待中心东侧

11. 风景石墙

显著位置的每一处石墙做景观打造，按时节打造不同的风景石墙。

12. 村上·椿树

去除老香椿树的下层枝杈，去除村子里的低矮灌木，透光破除压抑感，并打造独特的树与人大落差的空间感受。

13. 五谷谷

农事体验

14. 望长城内外

村北垭口

15. 长亭外、古道边

长城观览点

16. 长城步道

17. 野菜山坡

选一处山地，涵养各种山野菜。

香椿文化

多角度多样式的香椿文化展示

丰富多彩的香椿文化活动开展

香椿产业

打出品牌

带动周边村庄和农民从事香椿的种植和加工等

项目投资

估算 3000 万

接待规模

饱和日 400 人，夜 200 人

投资回报

估算回收成本在 8 ～ 10 年间。

11. 诗酒田园

主题描述:

倾其真情 乐尽天真 牧歌茶饭 诗酒田园

文化渊源:

三千年读史，不外功名利禄

八万里悟道，终归诗酒田园

背景分析:

1. 国家大力支持田园综合体建设

2. 区域客流量已达到 50 万人次以上

3. 交通便捷

4. 用地性质可支持

项目描述:

1. 世界田园建设主题的独创性

2. 农旅、文旅结合的典范

3. 饮食文化的惊世演绎

4. 诗酒田园系列品牌的旗舰落地项目

市场定位:

1. 本地和外地客源相结合，外地为主

2. 散客和团队结合，散客为主

3. 集体性组织和家庭结合，家庭为主

目标定位:

1. 日 3000 人接待能力

2. 前期三季运营，后期周年性运营

风格定位:

北方特色，田园风情

功能分区及主要项目

一、停车场

1.生态停车场理念，60亩占地

2.小车400辆，大车50辆

3.自动导引及收费体系

二、浅水广场

占地5亩

1.别具一格的水景广场

2.可食用水生植物、湿生植物的集中观览区

"水八鲜"等，包括茭白、莲藕、水芹、芡实（鸡头米）、茨菰（慈菇）、荸荠、莼菜、菱

3.诗酒田园的logo打造

三、智能多功能温室

规制——长100米，宽60米

1.空间立体无土栽培

2."烹饪36技"实体、实物、实操的展览、展演、展示

烹饪36技——煎、炒、烹、炸、煮、蒸、熬、熏、烤、烧、炖、爆、煨、涮、卤、泡、滑、拌、腌、酱、熘、氽、烩、烙、煸、焖、糟、炝、焗、贴、冻、馇、卷、拔丝、蜜汁、捞汁

3.100桌的团餐接待能力

4.承接婚庆、会议等本地的大型宴请

四、中国北方饮食文化博览馆

圆形建筑体

直径30米

1.饮食文化的演变

2.饮食的色、香、味、形、器

3. 北方的饮食特色

4. 饮食的两大特点——调和，火候

5. 饮食与风俗

6. 饮食与社会

7. 饮食与人生

五、食为天

1. 五氏祭拜

祭拜场景打造

有巢氏、燧人氏、伏羲氏、神农氏、轩辕氏

五氏为后人创造了诸如：建屋取火、部落婚嫁、百草五谷、豢养家禽、种地稼穑等一系列最基本的生存、生活条件，使人类能够得以生存繁衍。

2. 山野菜园区

占地15亩，涵养各种山野菜

北方主要山野菜：苋菜、荠菜、蒲公英、马齿苋、白蒿、蜻蜓菜、柳芽、榆钱、花椒叶等

3. 北方种子馆

占地200平米

种子实物展示

种子高科技展示——"某某种子的一生"——比如芝麻的种子，点开后，就能缩时看到三维的生长过程。

六、火的味道

占地20亩

系列展现、参与用火烹饪食物的三个阶段

1. 火烹

火坑，10个，可参与

烧烤，自助，200人餐食规模

窑焖，参观、体验、品味

土窑焙烤，参观、体验、品味

灰煨，参观、体验、品味

泥烧（叫花鸡、泥包鱼等的做法），参观、体验、品味

2. 石烹

卵石烙，参观、体验、品味

片石烙，参观、体验、品味

3. 陶烹

陶器（炊具）展示

缸炉烧饼，参观、体验、品味

此区域种植以红槭树为主，营造一个红红火火的氛围。

七、老家味道

占地 30 亩

人都有一个味道的原点，人都有一个回味的家园，百人百品，千人千味，但老家味道是共同的，是心通的。

1. 一个北方风格的院落组合

饮食生活场景的打造，参观，品尝、售卖

水井、水缸、咸菜缸、酱缸、锅台、厨具、食材等的陈列、展示

2. 一个传统工艺的粉作坊

白薯淀粉的制作，各种淀粉产品的制作和游客的品尝、售卖

主要产品：粉条、粉丝、粉皮、凉粉、凉皮、酸辣粉、黑粉……

3. 一个传统工艺的豆制品作坊

各类豆制品制作，游客品尝、售卖

主要产品：豆腐、豆皮、豆片、豆腐丝、豆浆、豆花、小豆腐、麻豆腐……

4. 一个"好饭来"饭店

饭店口号：妈妈的饭、妈妈的菜、妈妈的味道"好饭来"

100人接待能力

八、林下天地

占地100亩

林中、林下食材的种养和收获

林中禽类养殖：

鸡、山鸡、飞龙、肉鸽、鹌鹑……

林下菌类养殖：

松蘑、栗蘑、黄金菇……

树下种植：

树下参、木耳菜、韭菜、空心菜……

可开展的活动——"狩猎少年"，"采蘑菇的小姑娘"等

九、山里人家

饭店规模100人

食材、食品，以山珍为主，突出山民特色

十、水上人家

占地50亩（含水面）

1.水上人家饭店

规模100人

河鲜为特色

2.鱼菜共生项目

两个日光温棚

3.室外地锅

地锅15台，150接待能力

4.五锅联灶展示

5.渔猎活动：

主要活动：搬网、旋、钻网、拉网、挂网、坛网、迷魂网等

十一、稻田餐厅

餐饮与稻田（山地梯田）一体的独特餐饮环境打造

50 亩占地

餐饮 100 人规模

1. 稻蟹混养

2. 圆形玻璃餐厅

3. 稻草造型装饰

4. 草垛儿童乐园

5. 河蟹运动会

主要项目：河蟹爬山赛，河蟹障碍个体赛，河蟹障碍团体赛，河蟹接龙（一根竹竿挑河蟹），河蟹三米赛，河蟹押宝，河蟹空翻赛，徒手白抓（单位时间女子徒手抓河蟹），遛河蟹表演，钓河蟹比赛等

十二、小吃、食品街

本地建筑特色，30 家门店

本地特色小吃：

炒板栗、炒核桃、炒榛子、馓子、炸饹馇签子、蛤蟆吞蜜、花生小豆腐、蒸白菜卷……

本地特产：

迁安十大特产——"阜安"牌白小米、黑马铃薯、"金香玉"小米、缸炉烧饼等

十三、我的餐厅

自采自作餐厅，50 人接待规模

十四、我的菜园

50 亩菜园

时令蔬菜、特色蔬菜等

十五、诗酒人家

占地 15 亩

1. 诗酒人家——高档餐厅，三桌接待能力，诗酒文化打造

2. 古法酿酒作坊

3. 独酌草庐 3 处——一个人的饮食天地打造

4. 对饮木屋 3 处——两个人的饮食天地打造

十六、过云方塘

占地 10 亩，接待 30 人

1. 水上数字水帘冷餐会

2. 水岸木屋，10 栋

水系、池塘规划：

交通动线：

运营管理与市场开发：

投资： 总投资 1.2 亿，五年收回投资

12. 音乐森林

主题定位：

山、水、森林、音乐完美融合，成为一处怡情养性之地

网红打造，成为市场新的卖点

景区产品的多样化适合不同游客集群

每年都需要新的"声音"

位置：

主要项目：

一、五音亭

自上而下，利用现有五个亭子分别改造成——宫、商、角、徵、羽（音）亭

亭子分别悬挂铜风铃、木风铃、玻璃风铃、贝壳风铃、竹筒风铃

相关"五音"的文化打造

二、原始音乐舞蹈的摩崖石刻

古梨树下的石墙

三、音乐台阶

四、水韵排箫

在新修水系部分安排此项目

利用水的落差、利用竹筒的发音高差制成超大型的排箫

五、传声五花筒

传声筒中间部位做遮掩，传、听双方"误会选择"性传声

六、天下第一埙

位置在"角音亭"旁

玻璃钢制作

鼓风机贯气

几个人协作演奏

七、天下第一笛

位置在厕所南（厕所以木杆做个隔断）

大竹竿做成横笛

鼓风机贯气

一组人可完成演奏

（一）石鼓

五面

（二）木编钟

两挂

八、票友演出场

戏剧票友演出

羽音亭位置

九、西洋乐器演奏场

角音亭位置

十、民乐演奏场

宫音亭位置

十一、露天音乐会

"一笔问天"西侧

十二、网红演出场

青云仙境位置

十三、风铃通道

玻璃栈道下回程路分流口位置

演出安排：

1. 景区引导

2. 景区组织

3. 游客自发

4. 结合活动

投入及回报：

13. 水果王国

——中国北方水果王国概念性规划

第一章　项目开发的缘起

1. 藏在深闺人未识

山、林自然资源和人文资源需要用新的高度、新的角度重新认识。

2. 点石成金

3. 资源本无宿命，思路决定出路

4. 心中有丘壑，平地起惊雷

5. 山沟里飞出金凤凰

国家级、世界级的景区群团因"新思维、新思路"而横空出世。

第二章　基础分析

1. 地理资源

18.5亿年前为古燕辽海，8.5亿年前隆升为陆地，8.5亿年至5.7亿年前下降成海，4.5亿年前又隆升成陆地。两度沉浮期间，本地的植物界也经过了菌藻植物、早期维管植物、蕨类植物、裸子植物和被子植物五个阶段。燕山东部地区受中生代侏罗纪和白垩纪之间，也就是距今约1.4亿年左右的燕山运动及4000万年前喜马拉雅新构造运动的影响，水果等被子植物开始得以出现和繁衍。由于燕山东部山脉沿线地区山高林茂、气候凉爽、雨量充沛、四季分明等独特的地理环境，十分适合各类果树的生长。

2. 区位优势

（略）

3. 产业分析

第三章　资源分析与评价

（略）

第四章　市场分析

一、市场定位的基本思路

旅游市场是指具有现实或潜在的旅游需求的消费群体，而休闲度假市场定位则是通过有效的市场细分来确定目标市场的过程。本区资源部分具备唯一性，景观的多样性与文化的多样性，生态的原始性与文化的原始性突出了旅游产品的特色,资源具有较高的品位。

二、大众市场

三、高消费市场

面向高消费市场，围绕"唯一性"资源开发高端市场，充分利用景区资源和生态的原始性优势，面向 300 公里周边开发消费市场。依据市场定位，决定资源整合、产品开发的定位。高起点开发和建设服务于高端市场的产品，将本区建成其他度假区难以替代的特色旅游休闲度假区。

四、核心市场

五、基础市场

六、机会市场

第五章　SWOT 分析及项目定位

一、SWOT 分析

二、突破点分析

第六章　项目定位

一、形象定位：

1.模糊理论的现实演绎

旅游不再是传统意义上的旅游，水果生产也不再是传统意义上的水果生产。这不是"旅游＋"概念，也不是产业＋旅游的概念，而是一个全新的"模糊"概念——两个不同质的领域，融合成一个新的进阶领域。

2. 孩子们的水果奇幻之旅

3. 小家庭外的大家庭，大家庭外的小家庭

当下的景区有个通病，就是"聚散系统"混乱，整体和个体分隔不明，这是造成体验感不好的主要原因之一。

4. 离天堂最近的地方是梦乡，离梦乡最近的地方是远方，离远方最近的地方是天堂——水果王国，水果天堂。

5. 水果王国里，人人都是自己的国王。

6. 果香里的诗意

二、功能定位

全国乃至世界唯一的集水果生产和水果文化为一体的超大型旅游观光休闲度假旅游区。

国家 AAAAA 级景区

国家级旅游度假区

将来与周边的山叶口、挂云山、塔寺峪、黄台山、黄台湖、天元谷等景区组合成中国北方的超级景区集群。

三、总体发展战略

1. 特色："文化整合，品牌塑造"

2. 产业："多元统一，互动发展"

3. 产品："高端引领，品质制胜"

4. 经济："效益为本，区域带动"

5. 生态："有机生活，野奢为本"

第七章　总体布局

水果王国的"国土面积"是以迁安为中心向外辐射 100 公里，范围包括迁西、滦州、乐亭、昌黎、卢龙、青龙等毗邻县市。

水果王国的"首都"是迁安市。

水果王国的"紫禁城"是迁安西部山野绿道与"万太线"、"大

莲线"围合区域及所涉区域，面积 40 平方公里。

项目投资概算预定 80 亿，投资建设期 10 年。

项目建成后，此项目会是国家的一个旅游重地，也会是国家一个水果科、产、销的重地。

根据项目资源现状特点及地形地貌条件，结合项目发展思路，在充分考虑项目特色、可操作性、开发 | 建设的合理性及延续性基础上，将整个区域划分为"一线、九区、三十五点"。

第八章　主要项目策划

1. 一线

2. 九区

1）科研推广区

主要是果树的新品种、新模式、新技术的科研和示范。

新、优、特果树品类的示范基地和苗圃基地。

2）果品生产区

区域内原有果树、原有果树的嫁接改良、及适宜山地的新品类栽植。

3）水果初级加工区

干果制作、腌制品制作、保鲜储存等。

4）水果深度加工区

果汁、果脯、果酱、果酒、果膏、果糕、果茶、果冻、果醋、果胶、果油、凉果、水果罐头、水果甜品等，果雕、枝艺、木叶艺术品加工等，主要加工区域是贯头山村和尚庄村。

5）水果销售区

区域内及区域外的水果销售，包括网上平台、实体货栈、干鲜果品大集、果园采摘。

6）水果文化（展示展演、交流互动）区

源远流长的水果文化展示展演、与游览者密切互动的交流体验。

7）旅游区

山地背景、水果特色的旅游区带。

8）生活服务区

用于旅游及商务的宾馆、饭店、山庄、山居、民宿、农家院等。

9）生态涵养区

区域内原生态的保护及生态的优化和提升，生物多样性的恢复和拓展。

3.三十五点

1）游客中心

2）山庄

按"水果王国"的主旨，提升和打造此区域。

3）古梨谷

此区域现存十多棵百年以上的酸梨树，三棵百年以上的黑枣树，翻过沟谷到张家峪水库，打造成为一条观花赏果登山亲水的步游路。

4）栗树园

5）桃花源（水库）

"忽逢桃花林，夹岸数百步，中无杂树，芳草鲜美，落英缤纷……复行数十步，豁然开朗。土地平旷，屋舍俨然，有良田美池桑竹之属。阡陌交通，鸡犬相闻"。

按陶渊明"桃花源记"的意境打造此区域。

桃文化的展演展示展现。

水路小船进入，山路马车驶出。

"茅屋草舍"60人住宿规模。

6）水之镜

在水库区域打造一处镜面映景及拍照点。

7）岭上石屋

水库西南侧高地，此处沟谷幽静、果树品类丰富，上有石屋两处，改造后作为登临驿站。

8）诗情画意果林

西北侧，占地 150 亩。

结合历代诗人词家对果树、果花、果实的歌颂吟咏，打造诸如"一枝红杏出墙来"、"人面桃花相映红"等的诗境实景，成为游客体验传统文化的精美景致，成为网红打卡点。

9）杏花村

山村整体提升打造，以石头为主建材，以杏文化为特色，成为一个高档的山居体验区。

60 人接待能力。

10）梯田花海

11）花之镜

在花海区域打造一处镜面映景及拍照点。

12）天之镜

在梯田西南山脊打造一处镜面映景及拍照点。

13）十里梨沟

打造及提升梨文化。

14）山庄

按"水果王国"大主题提升改造。

15）景区

16）梨花坳

村内外有古梨树数十棵，盛果期梨树 100 亩。

以现有山村风格再行提升打造，成为一处深幽恬静的山居住地。

民宿接待 60 人规模。

17）树之三老

有三棵古树，一棵千年古松树，一棵千年古槐树，一棵 300 年的核桃树，是一道独特的风景线。

做适当的文化背景点缀。

18）尚村

水果产品艺术加工典范村。

水果精油、柿染、果雕、枝艺、水果手工艺品、文玩核桃、串珠吊坠、果木家具、果木装饰品、果木制品等的家庭加工作坊及售卖商铺。

建成200人住宿规模的民宿。

19）泉村

建成花香果巷康养基地。

400人民宿接待规模。

建果香疗愈坊、中医疗愈院、五音六艺休疗馆等。

20）二十果集团

在泉村北部山地，建成北方典型的果树分体果园。主要有桃树、李子、杏树、樱桃、苹果、柿子、梨树、葡萄、石榴、枣树、树莓、山楂、无花果、桑葚、猕猴桃、海棠、沙果、榛子、核桃、栗子等。

每个分体果园配套一组高脚木屋，住宿能力6～9人，用途为果园管理及游客体验。

21）峪村

建成400人接待能力的民宿

22）中国北方水果博览馆

选址拟定在峪村东。博物馆强调时代感，强调互动性。

联合国家、省市相关部门合作建设。

占地面积约1600平米。

日3000人流转规模。

23）水果欢乐广场

在水果博览馆周边建水果欢乐广场。

是大型活动的场地，也是水果的静态、动态结合的文化展演场地。

占地面积约 2 万平米。

日万人流转规模

24）水果梦幻世纪

选址拟在水果欢乐广场东侧，建室内的水果主题的动漫展演及儿童与水果的互动游乐。科幻、神奇、刺激，是孩子们的水果知识的形象课堂，也是孩子们以水果为介的娱乐天堂。

占地面积 2500 平米

日 2000 人流转规模

25）户村

100 人民宿接待规模

26）百瓜园

在户村北部，建占地 100 亩的百瓜园，种植各种瓜类水果，是瓜类的种植基地，是瓜类的文化展示展演基地，也是游客的采摘基地。

27）营村

200 人住宿规模的民宿

建水果示范基地，水果苗木基地

28）中国北方水果科研所

在营村建中国北方水果研究所，建筑面积 200 平米，主要用于果树科研人员的实验、研究和办公。

29）贯村

580 人住宿规模的民宿

30）酒香小镇

以现酒厂为龙头

建造红酒、各类果酒的生产加工坊

酒文化的系列打造

31）光影果园

在贯村西北部山脚地段，打造一处夜晚灯光秀场，突出梦幻特色，突出水果特点。

32）水果食品一条街

拟在贯村主街道开设

建设水果主题餐厅、水果捞、水果甜品店、水果饮品店等。

33) 水果大集

拟在贯村开设

是当地、外地果农及批发商的交易场所，是游客的采购集市。

周天性开放

日 5000 人次的流转规模

34）百年百果百树

在区域内标注出百年以上的果树

引进栽植一些老果树

形成浓厚的历史沧桑感和水果王国的文化厚度。

35）山野野果

在区域内适宜游客进入的山野地段，涵养和培植欧李、木通、山葡萄、酸枣、杜梨等野生水果，供游客赏识和采摘。

第九章　游乐娱乐及节庆活动

周年性不间断的举办系列活动

1. 观花大会

2. 水果环境创设大赛

3. 水果物语主题餐饮大奖赛

4. 水果主题书画创作展

5. 单品采摘节

6. 单品水果拍卖大会

7. 北方水果"丰收节"

8. 周年最大最重水果（之王）PK 赛

9. 旅游季节，每天的综艺固定演出——"水果幻想曲"

10. 动物水果狂欢节

11. 水果交易大会

12. 世界水果大会

第十章　利益相关方的关系处理原则

1. 与原住农民的关系

三变原则——"资源变资产，资金变股金，农民变股东"。

2. 与村集体的关系

与村集体一道发展壮大集体经济。

3. 与原有开发商的关系

组成紧密的合作关系

组成松散型的企业加盟

第十一章　区域管理

区域管理采封闭管理和半封闭管理相结合的模式。

核心旅游线路采取封闭管理，其他旅游区段采用半封闭管理。

核心区域游客动线示意图

第十二章　开发原则

1. 不完全开发原则

2. 保护优先原则

3. 整体优化原则

4. 特色优先原则

5. 社会效益、生态效益、经济效益相结合原则

第十三章　投资估算和效益分析

投资估算 80 亿元人民币

年游客接待量 240 万人次

人均日消费 400 元

14. 我们的田野

音频片段： 我们的田野

歌词首段：

我们的田野，美丽的田野，

碧绿的河水，流过无边的稻田，

无边的稻田，好像起伏的海面……

这是一首影响了几代人的儿童歌曲，优美的旋律、抒情的歌词，唤起了人们对美丽田野的深沉挚爱

项目名称：

我们的田野

选做项目名称的考量：

一、家喻户晓，能迅速实现记忆勾连

二、契合项目主要的客源群体——青少年

三、亲切感很强，归属感也很强

四、我们的田野，突出"我们的"，实现"社会做项目，项目为社会"的社会主义理念

项目分析：

一、全国的农业大县

二、项目区域地理位置优越，交通方便

三、政策正当其时

四、国家乡村振兴战略

五、国家教育改革，尤其是"研学"、"劳动教育"、"社会实践"三项制度、措施的制定和实行

项目定位：

一、全国首创的"农业教育示范基地"

二、国家乡村振兴战略的地方回答

三、学生独具特色的"第二课堂"

四、城市人的"梦回故乡"

五、农村人的"美梦天堂"

六、国家农、文、旅高度结合、融合的典范

七、国家城乡一体化的样板

项目意义：

农业不仅仅能够给人们生产物质食粮

农业也完全能够给人们生产精神食粮

项目格局：

一河两岸五村庄

项目规划原则：

一、"四可"原则——可赏、可食、可住、可购

二、绿色、循环、可持续原则

三、保护、开发并重原则

四、社会效益、经济效益、生态效益兼顾原则

项目区划布局：

一河：发展特色养殖、水上活动，同时打造美丽的河岸风光

两岸：东岸，主要发展观光农业，并为项目区"地理标志性"产品提供产量；西岸，主要发展农旅项目

五村：主要发展民宿、庭院经济、农产品加工、手工艺品、民俗文化等

项目建设分期：

一期主要项目：

一期主要项目为——五园一村

五园：童话田园、田园牧歌、青苹果乐园、衣之源、鱼米河畔

一村：柳林村（民宿、农村传统食品加工）

一、童话田园

项目占地：

200亩左右

项目描述：

（一）童话一般的美丽田园

（二）"以农为本"的儿童乐园

（三）农业种植的昨天、今天和明天

（四）从"粮"到"食"全体验

主要项目：

1. 青青河边草

项目占地：

亩，位于"青苹果连接桥"北端

项目描述：

一）栽植荻草

春季形成"青青河边草"景观

秋季形成河岸"蒹葭苍苍"的景观

二）游览廊道

三）拍照背景设置

2. 五味菜园

项目占地：

5亩左右

项目描述：

一）按苦、辣、酸、甜、咸、异味等口味安排蔬菜的种植

代表性典型蔬菜：

苦：蒲公英，苦菊，苦麦菜等

辣：辣椒、椒蒿、野韭菜等

酸：酸木浆、马齿苋、酸拔溜等

甜：甜菜、野豌豆苗、胡萝卜等

咸：碱蓬、篷子菜、冰叶日中花等

异味：香菜、芹菜、茴香等

二）说明及简介

三）种植及养护

四）采摘

3. 呱呱叫长廊

项目占地：

X 亩

与园区通道合一，既做观赏，也做遮阴纳凉

项目描述：

栽植藤蔓类瓜果植物

如：丝瓜、佛手、南瓜、苦瓜、裂瓜等

4. 蝴蝶花房

项目占地：

30 亩左右

项目描述：

一）一座用鲜花搭建的蝴蝶花房

二）一处蝴蝶自由自在栖息、飞翔的地方

三）对蝴蝶有引聚作用的花种栽植

四）对蝴蝶引聚作用的"精油"陈设

五）主体建筑搭建

六）梦幻般花镜打造

5. 瓜棚少年

项目占地：

10亩

项目描述：

一）种植西瓜、甜瓜、梢瓜、香瓜、羊角蜜、白兰瓜等

二）搭建两架风情瓜棚（"看瓜"用、拍照用）

三）搭建一架长凉棚，做吃瓜场所

四）在长凉棚里，展演幼儿"爬瓜"情趣（打油诗、漫画等形式）

6. 谷地禾田

项目占地：

X亩

项目描述：

一）种植五谷作物（展示为主、生产为辅）

二）五谷的说明及介绍

三）传统农业、现代农业的文化展现

四）乐亭本地的农耕文化展示

五）孩子们的农耕体验

种地、浇水、除草、防虫、收割等

六）传统农具展示

7. 小小巧手馆

项目占地：

1亩

项目描述：

主要是跟农村生活密切的用品、用具的制作观摩和制作体验。

诸如：秫秸锅盖、麦秸蒸屉、草珠门帘、葫芦瓢罐、高粱炊帚、白苗大笤帚、扫炕笤帚、麦秸墩子、高粱叶蒲团、草鞋、草帽、蓑衣、荞麦枕头、玉米芯挎包、芦苇席子、蒲草垫子等。

8. 五谷金殿

项目占地：

5 亩

项目描述：

一）用五谷为主要"建材"，给孩子们打造一处梦幻般的城堡。

二）主要包括——玉米宫殿，向日葵门楼、红豆牌匾、秫秸篱笆、黑豆白米影壁、葫芦宝塔、高粱秆凉亭等。

9. 植物工厂

项目占地：

1 亩

项目描述：

一）通过设施内高精度环境控制实现农作物周年连续生产的高效农业。

二）利用智能计算机和电子传感系统对植物生长进行自动控制的未来农业。

10. 从粮到食

项目占地：

2 亩

项目描述：

一）小磨磨米体验

二）碾子碾面体验

三）做面食体验（切面条、做花卷、蒸发糕、蒸馒头、烤面包等）

四）五连灶展示

五）农村饮食文化展示

二、田园牧歌

项目占地：

200 亩

项目描述：

（一）畜牧文化系列展示

（二）孩子们认识人与家畜家禽的历史及文化

（三）丰富多彩的动物表演

（四）美好的人与动物关系展示

主要项目：

1. 涉禽养殖

项目占地：

临近河道10亩

项目描述：

一）养殖天鹅、大雁、鹅、鸭、鸳鸯、红顶雁等

二）打造"鹅鹅鹅"的童谣场景

"鹅鹅鹅，曲项向天歌。白毛浮绿水，红掌拨清波"

三）打造"数鸭子"的童谣场景

"门前大桥下，游过一群鸭，快来快来数一数，二四六七八……"

四）打造"扁舟放鹅"场景

五）系列涉禽文化打造

2. 羊羊羊牧场

项目占地：

100亩

项目描述：

三羊文化互动体验

3. 鸡外公、鸡外婆

项目占地：

30亩

项目描述：

一）项目地中间栽植成品榆树，供鸡夜晚上树过夜。

二）喂食表演

投食车设置横杆，食饵自动洒落，鸡群跟随啄食。

三）鸡雏孵化参观

四）捡鸡蛋活动

4. 家畜之家

项目占地：

10 亩

项目描述：

一）打造"驴拉磨"场景

二）打造"骡套车"场景

三）打造"牛耕田"场景

四）打造"人骑马"场景

五）打造"人驭驼"场景

六）打造"小兔子乖乖"场景

七）打造"小猪快跑"场景

八）打造"牧童横笛"场景

5. 珍禽养殖园

项目占地：

50 亩

项目描述：

一）准自然状态养殖

二）孔雀园

三）雉鸡园

四）鸵鸟园

五）火鸡园

6. 空中畜牧业

项目占地：

20 亩

项目描述：

一）家鸽养殖

二）鹌鹑养殖

三）蜜蜂养殖

三、青苹果乐园

项目占地：

200 亩

项目描述：

（一）林果文化系列展示

（二）循环经济典型模式

（三）孩子们识树知果

主要项目：

1. 二十果国

一）项目展示 100 亩

二）园林模式栽种各种适应性水果树

苹果、梨、李子、桃、杏、柿子、蓝莓、无花果、枣、葡萄、山楂、樱桃等等

2. 古诗里的水果

打造水果的古诗场景

其中——石榴

榴枝婀娜榴实繁，榴膜轻明榴子鲜。

可羡瑶池碧桃树，碧桃红颊一千年。

其中——樱桃

石榴未拆梅犹小，爱此山花四五株。

斜日庭前风袅袅，碧油千片漏红珠。

其中——红杏

东城渐觉风光好。縠皱波纹迎客棹。

绿杨烟外晓寒轻，红杏枝头春意闹。

其中——桃花

去年今日此门中，人面桃花相映红。

人面不知何处去，桃花依旧笑春风。

3. 故事里的水果

系列打造、典型呈现

一）关于水果的神话故事

二）关于水果的童话故事

三）关于水果的寓言故事

四）关于水果的民间传说

4. 桑、莲、鱼互生

项目占地：

50 亩

项目描述：

一）塘基植桑

二）塘内养鱼

三）塘边养莲藕

四）形成桑叶养蚕，蚕粪、桑叶养鱼，鱼粪养莲藕，莲藕肥塘泥，塘泥在养桑树的生态循环体系。

5. 林下经济

项目占地：

项目描述：

一）林禽模式 养殖柴鸡、鹅等家禽

二）林畜模式 肉用羊、肉兔等

三）林菜模式　辣椒、甘蓝、洋葱、大蒜等

四）林菌模式　林下培植各类蘑菇

打造"采蘑菇的小姑娘"场景

打造蘑菇采摘、晾晒等活动

6. 田野大厅（多功能厅）

项目占地：

10亩

项目描述：

一）研学教室

二）多媒体展示厅

主要放映项目——"我们的田野"纪录片

三）会议室

四、衣之源

项目占地：

200亩

项目描述：

（一）衣服的来源

（二）衣延伸的文化形态

（三）孩子们对衣服文明进程的再认识

主要项目：

1. 麻之变

项目占地：

80亩

项目描述：

（一）麻，衣之祖，起源于中国，是人类服饰文明的重要标志

（二）麻，绳之始，从"结绳记事"开始，人类开始走入了文明

（三）系列展示麻文化

（四）建成一处孩子们"回归本能"的运动场地

主要项目：

（一）麻类多品类种植

苎麻、苘麻、亚麻、罗布麻、蓖麻、大麻等

（二）传统"打绳子"体验

孩子们学做麻绳

（三）麻绳工艺作坊

用麻木、麻绳编织、扎制多类工艺品

（四）麻绳世界

孩子们"回归本能"的绳索运动场

一）跳绳、双人跳绳、多人跳大绳

二）抖绳子（两根绳子拴在一个固定点，游戏者抖出各种花样）

三）爬绳

四）上树（绳索辅助、保护）

五）绳攀（绳索保护、辅助）

六）绳游

七）多式秋千

八）拔河

九）链球

十）飞爪

2. 桑之蚕

项目占地：

60亩

项目描述：

栽桑、采桑、养蚕、剥茧、缫丝等传统手工艺体验

蚕宝宝

体验蚕多变、传奇的一生

（一）缫丝体验

亲历"抽丝剥茧"过程

（二）百搭丝巾

丝巾的历史与传承，女孩体验百搭丝巾

（三）桑树栽植

采桑喂蚕体验

采桑果体验

3. 棉之花

项目占地：

60 亩

项目描述：

（一）棉花文化的渊源和流变

（二）普通百姓的棉花情缘

（三）传统棉纺的深度体验

主要项目：

（1）棉田

棉花、彩棉种植

（2）棉纺文化馆

系统展示棉花的历史与文化

（3）纺车体验

（4）织布体验

五、鱼米河畔

项目占地：

200 亩

项目描述：

（一）鱼米之乡的底蕴

（二）沿海居民生活风貌

（三）丰富多彩的渔猎文化参与

（四）稻田里的笑语欢歌

（五）劳动可以喜如歌，可以美如画

主要项目

1. 下夕烟

项目占地 3 亩

项目描述：

场景打造

2. 沙鸥翔集，锦鳞游泳

项目占地：

1 亩

项目描述：

一）涵养鸥鸟

二）涵养鱼类

三）游人投食喂养、亲近、拍照

3. 河岸人家

项目占地：

5 亩

项目描述：

一）风情渔家

二）渔猎活动开展

三）鱼干儿晒场（场景打造）

四）河岸烧烤

容纳 200 人

五）打鱼船 8 艘

晚上改成"渔舟夜宴"，游人乘船吃喝、赏景

4. 稻田混养

项目占地：

150 亩

项目描述：

一）稻田养蟹

二）稻田养虾

三）稻田养鱼

四）稻田养殖田螺

五）稻田泥鳅

六）稻蛙混养

游人观赏、捕捞体验

5. 稻田餐厅

项目占地： 待定

项目描述： 在稻田建一间高档"稻田餐厅"，只限一桌，只接受预定

6. 稻田畅想

项目占地： 待定

项目描述：

一）稻草人大创意

经年性的拍摄场景打造

二）飞跃稻草垛

机捆稻草（方形、圆形）堆建各式草垛，孩子们可自行攀爬，或进行竞赛、比赛

三）每年举办插秧节

四）每年举办稻谷节

六、柳林村：

项目占地：

项目描述：

（一）村民共同富裕

（二）乡村振兴的乐亭典范

（三）食品加工为主

（四）主题民宿建设

（五）整体环境美化

（六）村民义明素质明显提升

（七）与游人和谐、融洽

主要项目：

1. 主题民宿

一）计划建设民宿30家，住宿能力200人

二）公司租用空闲房屋、空闲宅基地建设民宿

三）引导农民改建民宿

四）"公约制"管理

2. "以购代补"模式与农民合建农村传统食品的家庭作坊

以购代补——合约性的定期定量购买作坊的产品

家庭作坊——前门店，后作坊

作坊——开放式，供游人参观

比如：

柳林豆制品作坊

前门店装修出风情（与村庄整体、产品品质等相和谐）。

后作坊是豆制品的传统生产工艺和流程（豆皮、豆浆、豆腐脑儿、豆腐、冻豆腐、腐乳豆腐等）。

其他诸如——粉条、香油、饸饹、烧饼、腌制食品、酱汁食品、卤制食品、熏制食品等。

3. 村头小树林

项目占地：

20亩

项目描述：

一）一处安静的地方

二）上树、下草（浅绿茅草），美丽的地方

三）晨练的地方

四）"人约黄昏后"的地方

4. 麦场

项目占地：

20 亩

项目描述：

一）还原并提升乡村文化的核心表现之地——麦场

二）孩子们可以参与的劳动过程、可以观赏的劳动场景

比如——碾场、晒场、翻场、攒堆、扬场、装袋、装车

垛麦秸垛

三）童谣声声唱

在麦场一域打造童谣的艺术场景（泥塑、木雕等手法）

打造童年游戏的游戏场地（跳皮筋、跳格、打瓦、骑马杀仗等）

四）麦场也做项目举办大型活动的活动场所

五）麦场也做"农村大集"

一般的早市、晚市

老百姓买卖

游客买卖

5. 停车场

项目占地： 待定

项目描述：

日流 3000 人的停车位

生态停车场，（村庄不见车，行人路不见车）